LES ÉNIGMES DE L'UNIVERS

Collection dirigée par Francis Mazière

DU MÊME AUTEUR :

LUMIÈRES NOUVELLES
SUR LA VIE APRÈS LA VIE

GUÉRISSEZ PAR LE RIRE

Dr RAYMOND MOODY

la vie
après
la vie

Enquête à propos d'un phénomène :
la survie de la conscience après la mort du corps

traduit de l'américain par
Paul MISRAKI

ÉDITIONS ROBERT LAFFONT
PARIS

Titre original : LIFE AFTER LIFE
© Raymond A. Moody, Jr. 1975
Traduction française : Éditions Robert Laffont, S.A. Paris 1977

ISBN 2-221-00050-1
(édition originale :
ISBN 0-89176-003-2 MacKingbird Books Inc., à Covington).

à George Ritchie,
docteur en médecine,
et, à travers lui,
à Celui dont il a suggéré le Nom.

R. A. MOODY JR

PRÉFACE
par Paul Misraki

Vers la fin de l'été dernier, mon ami le cinéaste Étienne Périer, connaissant l'intérêt que je porte aux phénomènes parapsychologiques ou paranormaux, me rapportait d'un voyage à New York un exemplaire de ce livre extraordinaire, LIFE AFTER LIFE, *du Dr Raymond Moody, Jr; cet ouvrage suscitait outre-Atlantique des discussions passionnées, dont j'avais déjà perçu l'écho grâce à un long article paru dans le magazine américain* Newsweek *(du 12-7-76).*

L'article en question, intitulé Life after Death? *(« La vie après la mort? »), débutait par un commentaire sur les travaux déjà célèbres du Dr Elisabeth Kübler-Ross, portant sur le comportement psychologique des agonisants. Ces études avaient révélé entre autres, et contre toute attente, que des sujets ramenés à la vie grâce à des techniques nouvelles après avoir passé un certain temps (jusqu'à une douzaine d'heures) en état de mort clinique — respiration interrompue, cœur arrêté, activité cérébrale nulle — relataient parfois des aventures étranges qui leur seraient advenues pendant leur bref passage dans l'au-delà. Bien plus, ils se*

9

révélaient capables de fournir le compte rendu fidèle de ce qui s'était passé dans leur chambre d'hôpital pendant qu'ils gisaient sans connaissance et sans signe de vie; ils précisaient le nombre des membres du personnel hospitalier qui avaient pris part aux efforts de réanimation, répétaient mot pour mot les répliques qui avaient été échangées, décrivaient enfin les méthodes employées par les équipes de secours, méthodes qui leur avaient été jusque-là totalement inconnues. L'exactitude de leurs recensions montrait qu'il ne pouvait s'agir de rêves ni d'hallucinations. Cette permanence d'une certaine forme de conscience chez un individu dont le corps ne remplit plus aucune fonction vitale pourrait bien constituer — aux dires du Dr Kübler-Ross — une première preuve de la survie après la mort.

Est-il besoin de le dire, pareille déclaration émanant d'un médecin revêtu d'une certaine autorité devait provoquer un tollé parmi les psychologues, voire parmi les théologiens, ces derniers estimant que la survivance de l'âme (si elle existe) doit rester une affaire de foi. Néanmoins, l'attention générale avait été éveillée dans les milieux médicaux des États-Unis, où l'on guettait l'apparition éventuelle de faits nouveaux.

C'est ici qu'intervient l'étude du Dr Raymond Moody, rapportant une cinquantaine de témoignages sélectionnés parmi un nombre bien supérieur de récits, émanant soit de sujets arrachés à une mort temporaire, soit de personnes ayant affronté la mort de très près, et rapportant des impressions remarquablement concordantes. Plus prudent que son confrère, le Dr Moody refuse de considérer qu'il puisse y avoir là une preuve (au sens scientifique de ce terme) de la vie après la mort. Toutefois, dans la deuxième partie de son exposé — à mes yeux la plus importante — il s'efforce en vain de trouver aux phénomènes relatés des explications naturelles; par exemple, l'effet de drogues

10

anesthésiantes, ou l'influence d'un conditionnement psychologique dû au milieu culturel ou religieux du patient. Or, aucune de ces interprétations ne résiste finalement à un examen approfondi. Si bien que l'hypothèse de la permanence d'une certaine forme de conscience après la mort physique du corps ne saurait plus être systématiquement écartée; elle doit, d'un point de vue objectif, prendre place parmi les possibilités. *Voilà où nous sommes actuellement parvenus, en attendant une nouvelle évolution des connaissances humaines.*

Raymond Moody, Jr, docteur en philosophie et médecin, a pris soin de se présenter lui-même au lecteur, au cours d'une Introduction *qui ne laisse aucun doute sur l'esprit méthodique et sur la rectitude de pensée de son auteur.*

AVANT-PROPOS

par le Dr Elisabeth Kübler-Ross

J'ai eu le privilège de lire, avant sa publication, l'ouvrage du Dr Moody *la Vie après la vie,* et je me réjouis très vivement de ce que ce jeune universitaire ait eu le courage de rassembler ses découvertes afin de mettre cette recherche d'un genre nouveau à la portée du grand public.

Ayant eu personnellement l'occasion, au cours des vingt dernières années, d'assister des malades parvenus au terme de leurs souffrances, je me suis intéressée de plus en plus à l'étude approfondie du phénomène de la mort. Nous avons de la sorte beaucoup appris sur le processus de ce passage, mais il nous reste encore bien des questions à élucider sur ce qui se produit au moment même du décès et sur ce que nos malades éprouvent lorsqu'ils sont médicalement tenus pour morts.

Une recherche comme celle que le Dr Moody expose dans ce livre est de nature à nous apporter beaucoup de lumières; elle confirme en outre ce qu'on nous a enseigné depuis deux mille ans, à savoir qu'il y a une vie après la mort elle-même, il ressort à l'évidence de son enquête que le malade qui meurt continue à avoir conscience

13

de son environnement après avoir été déclaré cliniquement mort. Ce qui recoupe de façon remarquable le résultat de mes propres recherches, fondées elles aussi sur les récits de malades qui, après une mort clinique, sont revenus à la vie contre toute attente, souvent même à la grande surprise de spécialistes hautement qualifiés dont les noms sont bien connus.

Tous ces malades avaient eu l'impression de flotter hors de leur corps, impression accompagnée d'une sensation de paix et de plénitude. La plupart avaient eu conscience de la présence d'une autre personne venue apporter son aide au cours de cette transition vers un autre plan d'existence. Presque tous avaient été accueillis par des êtres chers décédés avant eux ou par une figure religieuse qui avait marqué leur vie terrestre et coïncidait, bien sûr, avec leurs croyances. C'est pour moi un véritable enrichissement que de lire le livre du Dr Moody à l'heure où je m'apprête de mon côté à rédiger le résultat de mes propres constatations.

Il va sans dire que le Dr Moody devra se préparer à affronter de nombreuses critiques, émanant de deux camps opposés. D'une part, certains hommes d'église se scandaliseront de ce que l'on ait osé aborder un domaine considéré comme tabou ; des représentants d'une certaine confession ont d'ailleurs déjà exprimé leur désapprobation face à de semblables études. Un prêtre a été jusqu'à parler de « vendre de la grâce au rabais ». D'autres estimaient plus simplement que la survie après la mort doit demeurer un article de foi et ne saurait être mise en question par qui que ce soit. Quant à la seconde catégorie de mécontents dont le Dr Moody devra essuyer la mauvaise humeur, c'est celle des savants et des médecins pour lesquels toute recherche de cet ordre comporte un caractère anti-scientifique.

14

Mon opinion est que notre société traverse actuellement une période de transition; nous devons avoir le courage d'ouvrir de nouvelles portes et d'admettre que nos outils scientifiques actuels ne sont plus adaptés à ces nouveaux domaines. Je pense que ce livre offrira des perspectives neuves aux esprits non prévenus et leur donnera espoir et audace pour aborder des terrains d'investigations encore inexplorés. Ils sauront que ce compte rendu établi par le Dr Moody correspond à la stricte vérité, car il a été consigné par un chercheur authentique et honnête; il se trouve en outre confirmé par mes propres travaux et par les observations d'autres savants, universitaires et ecclésiastiques à l'esprit sérieux, qui n'ont pas hésité à pénétrer dans ces terres inviolées, avec l'espoir de fournir une aide à tous ceux qui, plutôt que de *croire,* aspirent à *savoir.*

Je recommande donc la lecture de ce livre à quiconque possède un esprit ouvert, et je félicite le Dr Moody pour le courage dont il a fait preuve en rendant publics les fruits de ses découvertes.

INTRODUCTION

Ce livre, rédigé par un être humain, reflète obligatoirement les antécédents, les opinions personnelles et les préjugés de son auteur. C'est pourquoi, en dépit des efforts que j'ai déployés pour demeurer aussi objectif, aussi impartial que possible, certaines données me concernant pourraient aider le lecteur à se former un jugement quant aux affirmations extraordinaires contenues dans ce qui suit.

Premièrement je ne me suis jamais trouvé à l'article de la mort ; je ne prétends donc pas fournir un témoignage direct d'une expérience dont j'aurais moi-même été le sujet. Et cependant, je ne me sens pas pour autant le droit de revendiquer une objectivité totale, dès lors que ma sensibilité s'est trouvée engagée dans l'élaboration de cet ouvrage : à force d'enregistrer tant de récits relatant les passionnantes expériences dont il sera question ci-après, j'en arrive presque à les ressentir comme si je les avais vécues. J'espère vivement, néanmoins, que cette attitude psychologique n'a pas été jusqu'à compromettre le caractère rationnel et le juste équilibre de cette étude.

En second lieu, j'écris comme le ferait quelqu'un qui ne serait pas étroitement familiarisé avec la vaste littérature consacrée aux phénomènes occultes et para-normaux. Je ne cherche pas, en disant cela, à jeter le discrédit sur ce genre d'ouvrages; et je suis persuadé, bien au contraire, qu'une érudition plus complète en ce domaine m'eût été d'une aide précieuse dans l'assimilation des faits que j'ai eu à étudier. Aussi bien ai-je dès maintenant la ferme intention d'aborder avec le plus grand soin la lecture de certains de ces écrits, ne serait-ce que pour voir jusqu'à quel point les recherches entreprises par d'autres corroborent mes propres découvertes.

Troisièmement, mon éducation religieuse mérite quelques commentaires. Ma famille fréquentait l'église presbytérienne; pourtant mes parents n'ont jamais cherché à imposer leurs idées et leurs croyances religieuses à leurs enfants. Ils se sont simplement efforcés, à mesure que je grandissais, de m'encourager dans les voies — quelles qu'elles fussent — où je prenais de l'intérêt, et à m'en faciliter éventuellement l'accès. En sorte que j'ai évolué nanti d'une « religion » qui n'avait rien d'un ensemble de dogmes immuables, se limitant plutôt à un attrait d'ordre général pour les questions spirituelles, les traditions et les doctrines religieuses. Je crois que toutes les grandes religions humaines nous apportent leurs vérités, et je crois aussi que nul d'entre nous n'est capable de fournir des contreparties adéquates à ces vérités fondamentales que véhiculent les religions.

Quatrièmement, ma formation universitaire et professionnelle est plutôt diverse — d'aucuns diraient : morcelée. J'ai suivi les cours de philosophie à l'université de Virginie et passé mon doctorat en cette matière en 1969.

Les disciplines auxquelles je m'intéresse plus particulièrement dans cette branche sont l'éthique, la logique et la linguistique. Après avoir enseigné la philosophie pendant trois ans dans une université située dans l'est de la Caroline du Nord, j'ai décidé de suivre des cours de médecine avec l'intention de devenir psychiatre et d'enseigner la philosophie de la médecine dans une école de médecins. Toutes ces études et ces expériences ont, bien entendu, grandement favorisé l'approche des sujets qui sont traités ici.

Mon espoir est que ce livre attirera l'attention sur un phénomène qui est à la fois très répandu et très soigneusement tenu caché ; qu'il contribuera à susciter dans le public une attitude plus réceptive à son égard. Car j'ai la ferme conviction que ce phénomène comporte une très haute valeur significative, non seulement en ce qui concerne les différentes disciplines universitaires et leur pratique — psychologie, psychiatrie, médecine, philosophie, théologie et ministère religieux — mais aussi pour l'orientation de notre vie de tous les jours.

Je tiens à préciser tout de suite, pour des motifs que j'expliciterai plus tard, que je ne prétends aucunement *prouver* qu'il existe une vie après la mort ; pas plus que je ne pense qu'une « preuve » de cet ordre soit actuellement possible. En partie pour cette raison, j'ai évité de citer des noms réels et déguisé certains détails susceptibles d'identifier les héros de ces histoires. Cela m'a paru nécessaire, tant pour ménager la vie privée des personnes concernées que — dans nombre de cas — pour obtenir l'autorisation de publier l'expérience dont j'ai été le premier confident.

Nombreux seront ceux qui qualifieront d'incroyables les affirmations consignées au cours de ces pages ; leur premier mouvement sera de les rejeter sans appel. Il ne me viendrait pas à l'idée, d'ailleurs, de porter un blâme à l'encontre de ceux qui se trouveraient dans ce cas : j'aurais personnellement agi de même il y a seulement quelques années. Je ne demande à personne d'accepter et de croire le contenu de cet ouvrage sur la seule foi de mon autorité. En fait, en tant que logicien, je condamne cette voie vers la croyance qui procède par référence à des autorités dépourvues de garanties ; j'insiste donc avec force afin que personne ne se sente porté à agir ainsi. Tout ce que je demanderai à quiconque refuserait d'accorder crédit à ce qu'il aura lu, c'est qu'il veuille bien s'informer de-ci de-là pour son propre compte ; défi que j'ai déjà eu l'occasion de lancer à plusieurs reprises. Au nombre de ceux qui l'ont relevé, beaucoup, qui étaient d'abord sceptiques, en sont venus à partager mes étonnements en face des faits.

Par ailleurs, je suis certain que de nombreux lecteurs trouveront ici un grand soulagement en s'apercevant qu'ils n'ont pas été les seuls à connaître une expérience de cet ordre. A ceux-là — surtout si, comme il arrive la plupart du temps, ils ont tenu leur aventure secrète en dehors de quelques intimes — je veux dire simplement ceci : mon vœu le plus vif serait que ce livre leur donne le courage de parler plus librement, afin qu'un aspect des plus fascinants de l'âme humaine puisse être enfin plus clairement élucidé.

I

LA MORT
EN TANT QUE PHÉNOMÈNE

Mourir, qu'est-ce que c'est ?

Voilà une question que l'humanité n'a cessé de se poser depuis qu'il y a des hommes. Au cours de ces dernières années, j'ai eu l'occasion d'évoquer ce problème devant un grand nombre d'auditoires ; ceux-ci se composaient de publics très divers : classes de philosophie, de psychologie, de sociologie d'une part, organisations paroissiales, émissions publiques de télévision, cercles privés d'autre part ; et enfin, congrès professionnels de médecins. En me fondant sur ce que j'ai pu constater, je suis en mesure d'affirmer en toute assurance que ce sujet éveille, chez des auditeurs de sensibilité et de style de vie très différents, des réactions émotionnelles extrêmement fortes.

Et pourtant, en dépit de l'importance que revêt cette interrogation, il n'en reste pas moins que, pour la plupart d'entre nous, parler de la mort est très difficile. Il y a à cela au moins deux bonnes raisons.

La première est surtout d'ordre psychologique et culturel ; le sujet de la mort est tabou. Nous sentons, de

23

façon plus ou moins consciente, que le contact — même indirect — avec la mort nous contraint en quelque sorte à regarder en face le fait inéluctable que nous mourrons nous-mêmes un jour; cette perspective nous devient soudain plus proche, plus réelle, plus pensable. Ainsi, par exemple, la plupart des étudiants en médecine — et je m'inclus dans ce nombre — ont pu constater que la rencontre, même lointaine, avec la mort, telle qu'elle se manifeste lors d'une première visite dans les laboratoires d'anatomie, au seuil des études médicales, peut susciter des sentiments de profond malaise. Pour ma part, la cause de cette réaction m'apparaît maintenant très claire; en y réfléchissant par la suite, je me suis rendu compte que je n'étais pas uniquement affecté par le sort de la personne dont je contemplais le cadavre (bien que ce sentiment fût, lui aussi, certainement présent). Ce que je voyais sur la table m'offrait le symbole de ma propre condition, celle d'un être mortel. D'une certaine façon, fût-ce aux limites de ma conscience, ma pensée dut être celle-ci : « Cela m'arrivera un jour, à moi aussi. »

De même, d'un point de vue psychologique, parler de la mort peut être considéré comme une manière, même détournée, de s'en rapprocher. Bien des gens ont sans aucun doute le sentiment que le simple fait d'évoquer la mort a pour effet de la rendre mentalement présente, si proche qu'il devient impossible d'éluder le caractère inévitable de notre propre décès. C'est pourquoi, désireux de nous épargner ce choc psychologique, nous prenons généralement le parti d'éviter autant que possible d'aborder pareil sujet de conversation.

La seconde raison pour laquelle il est malaisé de discourir sur la mort est plus compliquée, car elle prend sa source dans la nature même de notre langage. Les mots du langage humain ont trait pour la plupart à des choses dont nous possédons l'expérience sensible par l'entremise de nos organes des sens. La mort, par contre, échappe à l'expérience consciente de la grande majorité d'entre nous, parce que d'une façon générale nous ne sommes jamais passés par là. Lors donc que nous devons parler de la mort, il nous faut esquiver à la fois les tabous de la société et les pièges linguistiques si profondément enracinés du fait de notre inexpérience. Le plus souvent, nous recourons en fin de compte aux analogies et aux euphémismes ; nous comparons la mort, et le fait de mourir, à des circonstances plus agréables de notre vie, à des événements qui nous sont plus familiers. L'analogie la plus répandue à ce propos est sans doute la comparaison entre la mort et le sommeil. Nous nous disons que mourir, c'est un peu comme s'endormir. Cette image réapparaît couramment aussi bien dans nos pensées et nos paroles de tous les jours que dans la littérature de toutes les cultures et de tous les temps. On la rencontrait fréquemment dans les écrits de la Grèce antique. Dans *l'Iliade*, par exemple, Homère qualifie le sommeil de « frère de la mort » ; et Platon, dans *l'Apologie de Socrate*, place les mots suivants dans la bouche de son maître, Socrate, condamné à mort par ses juges athéniens :

> Si la mort... ressemble à un sommeil sans rêve, c'est un merveilleux gain que de mourir. Si l'on faisait choisir à quelqu'un l'une de ces nuits où il a dormi sans même avoir un songe, pour la comparer aux autres nuits et aux autres jours de sa vie, et s'il lui fallait, après mûre réflexion, dire combien il a vécu de jours et de nuits meilleurs et plus agréables que cette nuit-là,... (n'importe qui) trouverait qu'ils sont faciles à compter en comparaison des autres. Si donc la mort est ainsi, je soutiens que c'est un gain, puisque alors toute la suite

des temps peut être considérée comme rien de plus qu'une seule longue nuit.

D'autres préfèrent recourir à une métaphore différente quoique étroitement apparentée. Mourir, disent-ils, c'est « oublier ». Celui qui meurt oublie tous ses soucis ; les souvenirs, pénibles ou pathétiques, s'effacent.

Aussi anciennes, aussi fréquentes que puissent être ces comparaisons, le « sommeil » et l' « oubli » se révèlent en fin de compte assez inadéquats en tant que palliatifs visant à nous réconforter. Même s'ils empruntent deux formes distinctes, ils reviennent exactement au même ; sous une forme édulcorée, ils attestent tous deux que la mort n'est rien d'autre que l'annihilation radicale et définitive de notre conscience. S'il en est vraiment ainsi, la mort ne comporte aucun des aspects désirables que l'on reconnaît au sommeil et à l'oubli. Dormir constitue une expérience positive, souhaitable au cours de la vie, parce que l'on sait que le réveil s'ensuit ; une bonne nuit de sommeil rend les activités diurnes plus agréables et plus productives. Si le réveil n'avait pas lieu, tout le bénéfice d'un profond sommeil serait annulé. De même, la disparition de notre conscience, non contente d'effacer nos mauvais souvenirs, nous priverait également des bons. Finalement, aucune de ces deux analogies n'apparaît susceptible de nous apporter consolation ou espoir face à la mort.

Il est cependant une autre façon de considérer les choses, qui refuse l'assimilation de la mort à une perte définitive de conscience. Selon cette vue, dont la tradition est sans doute plus ancienne, une part de l'être humain continue à vivre alors que son corps physique, voué à la destruction finale, a cessé de fonctionner. Cette part de l'humain qui persiste après la mort a reçu des dénominations multiples : psyché, âme, pensée, esprit, le

Moi, l'Être, la conscience. Quel que soit le vocable choisi, la notion selon laquelle chacun de nous passe, lors de son décès, à une autre forme d'existence, constitue l'une des plus respectables parmi les croyances humaines. On a retrouvé en Asie Mineure un cimetière dont l'utilisation par les hommes de Néanderthal remonte à une centaine de milliers d'années; des gravures fossilisées ont permis aux archéologues de découvrir que ces hommes de la préhistoire enterraient leurs morts dans des cercueils de fleurs, ce qui semblerait signifier qu'ils considéraient la mort comme une occasion de réjouissance, le passage du défunt de ce monde-ci dans un autre. Un peu partout sur la terre, des tombeaux remontant aux époques primitives apportent la preuve d'une croyance en la survie de l'être après la mort du corps.

En somme, la question que nous avions posée tout à l'heure concernant la nature de la mort suscite deux réponses antagonistes, aussi anciennes l'une que l'autre, et cependant encore valables de nos jours. Les uns affirment que la mort entraîne la dissolution de la conscience, pendant que d'autres, avec une égale conviction, soutiennent que la mort est une transition, le transfert de l'âme, ou de la pensée, du défunt vers une autre dimension de la réalité.

Au cours des pages qui suivent, je n'aurai pas la prétention de me prononcer pour ou contre l'une de ces deux hypothèses. J'entends tout simplement communiquer ici les résultats d'une enquête à laquelle je me suis personnellement livré.

Durant ces dernières années, j'ai été amené à rencontrer un grand nombre de personnes qui ont passé par ce que j'appellerai une « mort temporaire ». Ces rencontres se sont produites de plusieurs façons : au commencement, ce fut pure coïncidence. En 1965, alors que je poursuivais mes études de philosophie à l'université de Virginie, je fis la connaissance d'un homme qui était professeur de psychiatrie dans une école de médecine. Je fus dès l'abord frappé par la chaleur de son accueil, par sa cordialité et son sens de l'humour. Par la suite, j'eus la grande surprise d'apprendre à son sujet un fait remarquable, à savoir qu'il avait été « mort » — non pas seulement une fois, mais deux, à une dizaine de minutes d'intervalle — et qu'il avait fourni un témoignage absolument fantastique de ce qui lui était advenu pendant qu'il était tenu pour mort. Plus tard je l'entendis raconter son histoire à un petit groupe d'étudiants très intéressés. J'en fus, à l'époque, assez impressionné; mais comme je ne disposais alors d'aucun critère me permettant de porter un jugement sur pareille aventure, je me contentai de la « classer » parmi mes pensées, ainsi que sous la forme d'un enregistrement sur bande magnétique effectué pendant sa causerie.

Quelques années plus tard, après avoir passé mon doctorat en philosophie, j'enseignais dans une université de la Caroline du Nord. A l'occasion d'un de mes cours, je fis lire à mes élèves le *Phédon* de Platon, écrit dans lequel l'immortalité de l'âme figure parmi d'autres sujets traités. J'avais principalement axé mon cours sur les autres doctrines professées par le philosophe grec, sans mettre d'accent particulier sur les passages où il était question de la vie après la mort. Un jour, à la fin de la classe, un étudiant s'approcha de moi et me demanda s'il serait possible d'organiser une discussion à propos de la survivance; le sujet l'intéressait d'autant plus que sa grand-mère était temporairement « morte » au cours d'une intervention chirurgicale, et avait ensuite fait état d'une expérience stupéfiante. Je le priai de m'en dire davantage, et quelle ne fut pas ma surprise lorsqu'il me rapporta à peu près la même série d'événements que m'avait décrite mon professeur de philosophie quelques années plus tôt.

A partir de ce moment, ma quête de cas semblables se fit un peu plus active. Je pris la décision d'inclure au programme de mes cours la lecture de textes se référant à la survie après la mort biologique — tout en évitant soigneusement de faire allusion aux deux témoignages que je possédais déjà. J'adoptai donc une attitude d'attente, histoire de voir : si des récits de ce genre se révélaient tant soit peu fréquents, pensais-je, je risquais d'en susciter d'autres. Il suffisait pour cela d'évoquer l'idée générale de la survivance au cours de nos discussions philosophiques, et de faire montre d'un esprit ouvert à ces questions. J'attendis.

Nouvelle surprise : je m'aperçus que dans presque toutes les classes d'une trentaine d'élèves, il se trouvait toujours un étudiant pour venir me parler après le cours et me raconter une expérience personnelle de « mort temporaire ».

Ce qui m'a le plus intrigué depuis le début de cette enquête, ce sont les similitudes entre les témoignages, et cela en dépit du fait qu'ils provenaient de personnes extrêmement diverses des points de vue religieux, social et culturel.

Lorsque j'entrai à l'école de médecine en 1972, j'avais déjà réuni un nombre appréciable de ces documents, et je commençai à faire ouvertement mention de cette recherche en présence de quelques-unes de mes nouvelles relations du monde médical. En définitive, un de mes amis m'encouragea à développer le sujet devant une

La vie après la vie

commission de médecins; d'autres conférences s'ensuivirent. A nouveau, je devais constater qu'à l'issue de chacune de ces réunions, je voyais régulièrement quelqu'un s'avancer pour me relater une aventure analogue.

A mesure que mon intérêt pour ce phénomène devenait de plus en plus connu de mon entourage, des médecins commencèrent à diriger vers moi des patients qu'ils avaient ressuscités et qui faisaient état d'expériences bizarres. D'autres encore m'ont adressé des rapports par écrit, après avoir lu dans la presse des articles où l'on faisait allusion à mes recherches.

A l'heure actuelle, j'ai connaissance de quelque cent cinquante cas reproduisant ce phénomène. Les expériences que j'ai eu à étudier se classent en trois catégories distinctes :

1. Les expériences vécues par des personnes qui ont été ranimées après avoir été tenues pour mortes, déclarées telles, ou considérées comme cliniquement mortes par leurs médecins ;

2. Les expériences vécues par des personnes qui, à la suite d'accidents, de blessures graves, ou de maladie, ont vu la mort de très près ;

3. Les expériences vécues par des personnes qui, sur le point de mourir, en donnaient la description à ceux qui les entouraient. Par la suite, ces témoins m'ont communiqué le contenu de ces expériences d'agonisants.

Dans cet amoncellement de matériel qui peut être évalué à 150 cas, il m'a évidemment fallu opérer une sélection. Une partie de ce choix a répondu à une

30

intention précise; par exemple, en dépit du fait que certains rapports du troisième type recoupaient et complétaient parfaitement les recensions des deux premiers, j'ai préféré les omettre pour la plupart, pour deux raisons : d'abord, cette élimination m'a permis de réduire le nombre des cas étudiés à des proportions plus maniables; ensuite, j'ai pu, grâce à ce procédé, m'en tenir autant que possible à des témoignages de première main. Il m'a donc été loisible d'interroger dans les plus petits détails une cinquantaine de personnes, dont je suis en mesure de rapporter fidèlement les propos. Parmi ceux-ci, les cas ressortissant au premier type (ceux qui impliquent une mort cliniquement constatée) comportent assurément un aspect plus *spectaculaire* que ceux du second type (lorsque la mort n'a été qu'effleurée). Il est certain que, chaque fois que j'ai prononcé des conférences publiques sur ce phénomène, les épisodes comportant une période de « mort » constatée ont suscité un intérêt prépondérant. Certains articles publiés dans la presse ont été rédigés de façon à laisser croire que je m'étais exclusivement préoccupé des cas appartenant à cette catégorie-là.

Toutefois, en sélectionnant les exemples destinés à figurer dans ce livre, j'ai résisté à la tentation de me limiter aux cas comportant une « mort » temporaire. Car, ainsi qu'on ne tardera pas à en constater l'évidence, les cas du second type non seulement ne diffèrent pas de ceux du premier, mais forment avec eux une sorte de continuité. De plus, bien que les expériences de mort temporaire se recoupent entre elles de façon remarquable, les circonstances qui les entourent et la personnalité de ceux qui les rapportent varient énormément. En conséquence, je me suis efforcé de fournir un choix d'expériences qui reflète fidèlement cette diversité.

En conservant ces considérations à l'esprit, passons maintenant à l'examen de ce qui peut se produire, pour autant que j'aie réussi à le découvrir, lorsque survient la mort.

II

L'EXPÉRIENCE DE LA MORT

En dépit des diversités présentées, tant par les circonstances qui entourent les approches de la mort que par les différents types humains qui les subissent, il n'en reste pas moins que de frappantes similitudes se manifestent entre les témoignages qui relatent l'expérience elle-même. En fait, ces similitudes sont telles qu'il devient possible d'en dégager une quinzaine de traits communs, sans cesse répétés dans la mesure des documents que j'ai pu rassembler.

En me fondant sur ces ressemblances, je m'efforcerai maintenant de reconstituer brièvement un modèle théoriquement idéal, ou complet, de l'expérience en question, en y introduisant tous les éléments communs dans l'ordre où il est typique de les voir apparaître.

Voici donc un homme qui meurt, et, tandis qu'il atteint le paroxysme de la détresse physique, il entend le médecin constater son décès. Il commence alors à percevoir un bruit désagréable, comme un fort timbre de sonnerie ou un bourdonnement, et dans le même temps il se sent emporté avec une grande rapidité à

35

travers un obscur et long tunnel. Après quoi il se retrouve soudain hors de son corps physique, sans toutefois quitter son environnement physique immédiat ; il aperçoit son propre corps à distance, comme en spectateur. Il observe de ce point de vue privilégié, les tentatives de réanimation dont son corps fait l'objet ; il se trouve dans un état de forte tension émotionnelle.

Au bout de quelques instants, il se reprend et s'accoutume peu à peu à l'étrangeté de sa nouvelle condition. Il s'aperçoit qu'il continue à posséder un « corps », mais ce corps est d'une nature très particulière et jouit de facultés très différentes de celles dont faisait preuve la dépouille qu'il vient d'abandonner. Bientôt, d'autres événements se produisent : d'autres êtres s'avancent à sa rencontre, paraissant vouloir lui venir en aide ; il entrevoit les « esprits » de parents et d'amis décédés avant lui. Et soudain une entité spirituelle, d'une espèce inconnue, un esprit de chaude tendresse, tout vibrant d'amour — un « être de lumière » — se montre à lui. Cet « être » fait surgir en lui une interrogation, qui n'est pas verbalement prononcée, et qui le porte à effectuer le bilan de sa vie passée. L'entité le seconde dans cette tâche en lui procurant une vision panoramique, instantanée, de tous les événements qui ont marqué son destin. Le moment vient ensuite où le défunt semble rencontrer devant lui une sorte de barrière, ou de frontière, symbolisant apparemment l'ultime limite entre la vie terrestre et la vie à venir. Mais il constate alors qu'il lui faut revenir en arrière, que le temps de mourir n'est pas encore venu pour lui. A cet instant, il résiste, car il est désormais subjugué par le flux des événements de l'après-vie et ne souhaite pas ce retour. Il est envahi d'intenses sentiments de joie, d'amour et de paix. En dépit de quoi il se retrouve uni à son corps physique : il renaît à la vie.

Par la suite, lorsqu'il tente d'expliquer à son entourage ce qu'il a éprouvé entre-temps, il se heurte à différents obstacles. En premier lieu, il ne parvient pas à trouver des paroles humaines capables de décrire de façon adéquate cet épisode supraterrestre. De plus, il voit bien que ceux qui l'écoutent ne le prennent pas au sérieux, si bien qu'il renonce à se confier à d'autres. Pourtant, cette expérience marque profondément sa vie et bouleverse notamment toutes les idées qu'il s'était faites jusque-là à propos de la mort et de ses rapports avec la vie.

Il importe de bien se mettre dans l'esprit que la relation consignée ci-dessus ne saurait en aucune façon être assimilée au récit d'une expérience particulière. Il convient de n'y voir qu'un « modèle », un rapport composite établi à partir des éléments communs glanés dans de très nombreux témoignages. Si j'ai choisi d'en rédiger cette présentation, c'est afin de fournir dès l'abord une idée générale de ce qu'un être humain peut éventuellement éprouver au moment de la mort. Étant bien entendu qu'il s'agit d'une illustration abstraite, et non d'un cas réellement vécu, je compte reprendre en détail, au cours de ce chapitre, chacun de ces traits communs, en proposant des exemples.

Mais auparavant, je tiens à formuler quelques précisions indispensables, afin de replacer la suite de cet exposé touchant l'expérience de la mort dans un contexte adéquat.

1. Malgré de frappantes similitudes entre différents témoignages, il ne s'en trouve pas deux qui soient absolument identiques (bien que plusieurs ne soient pas loin d'atteindre à cette identité).

2. Je n'ai trouvé aucun témoignage comportant à la fois tous les détails de ce tableau-robot. Nombreux par contre sont ceux qui en contiennent la majeure partie, soit huit ou davantage sur les quinze points recensés ; quelques-uns atteignent la douzaine.

3. Aucun des éléments consignés dans les témoignages individuels que j'ai reçus ne se retrouve de façon

régulière dans tous les récits. Néanmoins, certains de ces éléments semblent pouvoir être considérés comme universels.

4. Aucun des éléments consignés dans le tableau-robot ci-dessus ne provient d'un témoignage unique et particulier; chacun d'eux a été tiré de plusieurs récits distincts mais convergents.

5. L'ordre dans lequel un mourant passe par les différents états brièvement décrits plus haut peut différer de celui que présente mon « modèle théorique ». A titre d'exemple, plusieurs personnes ont déclaré avoir aperçu l' « être de lumière » avant, ou au moment même de quitter leur corps physique, et non pas comme dans mon « modèle », quelques instants plus tard. Toutefois, l'ordre dans lequel j'ai cité les différentes étapes dans le tableau-robot peut être considéré comme assez typique; les variantes sont plutôt rares.

6. Tous les témoignages ne vont pas aussi loin dans le déroulement de cette hypothétique expérience; sa durée dépend, semble-t-il, du fait que la personne en question a ou n'a pas atteint le stade de la mort clinique apparente; et, dans l'affirmative, de la durée de cet état. D'une manière générale, ceux qui ont été tenus pour cliniquement « morts » rapportent des expériences plus nourries, plus colorées, que ceux qui n'ont fait que s'approcher de leur terme; de même, ceux qui sont demeurés dans l'état de mort apparente pendant une période plus longue approfondissent davantage leur récit par rapport à ceux dont l'absence fut plus brève.

7. Il m'est arrivé de rencontrer des personnes ranimées après une mort clinique qui ne rapportaient aucun des épisodes précités : plus exactement, elles affirmaient

n'avoir conservé aucun souvenir de leur état. Chose intéressante, j'ai également connu des cas de personnes ayant passé par la mort clinique à plusieurs reprises, à des années d'intervalle, et qui, si elles ne rapportaient aucune impression de l'une de ces expériences, avaient trouvé l'autre extrêmement riche en péripéties.

8. J'attire l'attention du lecteur sur le fait que ce que je transcris ici par écrit est le reflet de témoignages, de récits et de rapports qui m'ont été communiqués oralement par les sujets que j'interrogeais. Dès lors, si je remarque que tel ou tel élément de mon « modèle » n'apparaît pas dans tel ou tel récit, on ne peut en aucune façon en induire que cet épisode n'a pas été vécu par la personne en question; cela signifie tout simplement que le témoin ne m'a pas mentionné ce détail, ou encore que la présence de ce détail ne ressort pas clairement du témoignage que j'ai recueilli.

Ce qui précède étant bien établi, nous allons maintenant pouvoir passer à l'examen des différentes étapes et des événements variés qui semblent constituer le sort commun de nos mourants.

1

L'INCOMMUNICABILITÉ

Les conditions d'intelligibilité d'un langage dépendent en général de l'existence d'un lot important d'expériences communes, auxquelles nous avons tous participé. D'où les difficultés que nous ne manquerons pas de rencontrer sur notre route au cours des développements qui vont suivre : en effet, les événements vécus par ceux qui ont frôlé la mort ne font pas partie de notre commune expérience. Il faudra bien s'attendre, par conséquent, à ce que les intéressés se heurtent à des obstacles sémantiques lorsqu'ils tenteront d'exprimer ce qui leur est advenu. En fait, c'est bien ce qui se passe. Les personnes en question sont unanimes à qualifier leurs expériences d'ineffables, c'est-à-dire inexprimables. Nombreux sont ceux qui m'ont fait cette remarque : « Je ne trouve pas de mots pour exprimer ce que j'essaye de vous dire », ou bien : « Il n'existe aucun terme, aucun adjectif, aucun superlatif, qui puisse traduire cela. » Une femme m'a succinctement résumé cette situation en disant :

Voyez-vous, c'est pour moi tout un problème, d'essayer d'exprimer ça, parce que tous les mots que j'emploie s'appliquent à trois dimensions. Pendant mon aventure, je n'arrêtais pas de penser : « Mes cours de géométrie m'avaient enseigné qu'il n'y a en tout et pour tout que trois dimensions, ce que je tenais pour acquis. Mais c'est une erreur : il y en a davantage. » Bien sûr, le monde dans lequel nous vivons maintenant est tridimensionnel, mais l'autre monde, pas du tout. C'est pour ça que j'ai tant de mal à vous expliquer. Je suis obligée d'employer des mots à trois dimensions. J'essaye de coller autant que possible à la réalité, mais ce n'est jamais tout à fait ça. Je n'arrive pas à vous dépeindre un tableau exact.

2

L'AUDITION DU VERDICT

De nombreux patients attestent qu'ils ont entendu leurs médecins, ou d'autres personnes présentes, annoncer leur mort. Voici ce qui m'a été conté par une femme :

Je me trouvais à l'hôpital, mais personne ne savait exactement ce que j'avais. Le Dr James, mon médecin, m'a fait transporter au service de radiologie pour me faire examiner le foie dans l'espoir d'y trouver quelque chose. Mais d'abord il a fallu essayer sur mon bras une certaine drogue qu'on allait m'injecter, parce que j'étais allergique à beaucoup de médicaments. Comme aucune réaction n'apparaissait, ils y sont allés carrément; et tout ce qu'ils y ont gagné c'est que mon cœur s'est arrêté de battre. J'ai entendu le radiologue se précipiter sur le téléphone, et je l'ai très clairement entendu former un numéro, puis dire : « Docteur James, je viens de tuer votre cliente, Mrs Martin. » Mais je savais bien que je n'étais pas morte. J'ai voulu bouger pour les prévenir, mais je ne pouvais pas. Pendant qu'ils s'efforçaient de me ranimer, je les ai entendus dire combien de centimètres cubes de je ne sais quoi ils allaient m'injecter, mais je n'ai pas senti la piqûre. Je ne sentais absolument rien quand ils me touchaient.»

Dans un autre cas, une femme qui avait déjà souffert de plusieurs accidents cardiaques fut victime d'une crise au cours de laquelle elle faillit perdre la vie. Elle raconte :

> Brusquement, j'ai été prise de douleurs dans la poitrine, comme si on m'avait entourée d'un étau et qu'on serrait. Mon mari et un de nos amis ont entendu le bruit de ma chute et se sont précipités à mon secours. Je me trouvais dans une obscurité complète, et à travers cette obscurité j'entendis mon mari, comme s'il était très loin, s'écrier : « Cette fois, c'est fini! » Et moi, je pensais : « Oui, il a raison, c'est fini. »

Un jeune homme, que l'on avait cru mort à la suite d'un accident d'auto, déclare : « J'ai entendu une voix de femme qui demandait : « Est-ce qu'il est mort? » et quelqu'un d'autre a répondu : « Ouais, il est mort. »

Les témoignages de ce genre recoupent très exactement ce dont les médecins ou autres assistants se souviennent. En voici un exemple, que je tiens d'un médecin :

> Une de mes clientes eut un arrêt du cœur juste au moment où un autre chirurgien et moi-même nous apprêtions à l'opérer. J'étais là, et j'ai vu ses pupilles se dilater. Nous avons tenté de la ranimer, mais en vain; si bien que je l'ai crue morte. J'ai dit alors à mon confrère : « Essayons encore un coup avant de renoncer tout à fait. » Et son cœur s'est enfin remis à battre, elle a repris connaissance. Par la suite, lorsque je lui ai demandé si elle avait conservé un souvenir de cette « mort », elle m'a répondu qu'elle ne se rappelait pas grand-chose, sinon qu'elle m'avait entendu dire : « Essayons encore un coup avant de renoncer tout à fait. »

3

SENTIMENTS DE CALME ET DE PAIX

Bien des gens décrivent des pensées et des sensations extrêmement agréables survenant dans les premiers moments. A la suite d'une grave blessure à la tête, tout signe de vie était devenu indécelable chez un homme, qui raconte :

> A l'instant de la blessure, j'ai momentanément ressenti une très vive douleur, puis la souffrance a disparu. J'eus la sensation de flotter dans un espace obscur. Il faisait ce jour-là un froid intense, mais tandis que je me trouvais dans le noir, tout ce que je ressentais était une douce chaleur et un immense bien-être, tel que je n'en avais jamais éprouvé auparavant. (...) Je me rappelle avoir pensé : « Je dois être mort. »

Une femme, ranimée après une crise cardiaque, relate :

> Je commençai à éprouver des sensations délicieuses. Je ne ressentais absolument rien si ce n'est paix, réconfort, bien-être, un grand calme. J'avais l'impression que tous mes ennuis avaient cessé, et je me disais :

La vie après la vie

« Que c'est doux, que c'est paisible, je n'ai mal nulle part. »

Voici le souvenir d'un homme :

J'ai ressenti seulement une impression agréable de solitude et de paix (...). C'était très beau et j'avais l'esprit en paix.

Un homme qui était « mort » à la suite de blessures reçues au Viêt-nam dit que, lorsqu'il fut atteint, il ressentit

... une sorte de grand soulagement. Je ne souffrais pas, et je ne me suis jamais senti aussi décontracté. J'étais à l'aise, et tout était bien.

4

LES BRUITS

Beaucoup de témoignages font allusion à d'étranges
sensations auditives survenant au moment de la mort,
ou aux approches de celle-ci. Ces sensations sont parfois
extrêmement désagréables. Un homme dont la « mort »
se prolongea pendant vingt minutes au cours d'une
intervention chirurgicale à l'abdomen décrit « une sorte
de vrombissement franchement pénible provenant de
l'intérieur de ma tête. Cela me mit très mal à l'aise... Je
n'oublierai jamais ce son ». Une femme raconte comment, tandis qu'elle perdait connaissance, elle entendit
« un fort timbre de sonnerie. On pourrait le décrire
comme un bourdonnement aigu. Et je me trouvais
comme prise dans un tourbillon ». On m'a aussi décrit
cette sensation lancinante comme un fort claquement,
un grondement, une détonation, et aussi comme « un
sifflement, semblable à celui du vent ».

En d'autres occurrences, ces phénomènes auditifs
semblent prendre un aspect musical plus agréable. Ainsi,
un homme qui avait été ranimé après avoir été déclaré

mort à son arrivée à l'hôpital rapporte que, pendant la durée de son expérience,

> ... j'entendais quelque chose qui ressemblait à un tintement de cloches dans le lointain, comme apporté par le vent; cela évoquait des harpes éoliennes à la japonaise. ... C'était le seul son que je puisse percevoir par moments.

Une jeune femme qui fut sur le point de succomber à une hémorragie interne compliquée d'un problème de coagulation, dit qu'au moment de perdre conscience « ... je commençai à entendre une espèce de musique; une musique très belle, très majestueuse. »

5

LE TUNNEL OBSCUR

Souvent, conjointement au surgissement des bruits, les mourants éprouvent la sensation d'être emportés très rapidement à travers une sorte d'espace obscur. Ils se servent de termes très divers pour décrire cet espace. Je l'ai entendu nommer caverne, puits, cuve, enclos, tunnel, cheminée, vacuité, vide, cloaque, vallée ou cylindre. Mais en dépit d'une terminologie différente, il est bien évident que ces vocables s'efforcent d'exprimer une réalité unique. Examinons deux témoignages dans lesquels domine le « tunnel ».

Cela m'arriva quand j'étais un petit garçon; j'avais neuf ans. Il y a de cela vingt-sept ans, mais cela m'a tellement frappé que je ne l'ai jamais oublié. Un après-midi, je tombai soudain gravement malade et je fus vite dirigé vers l'hôpital le plus proche. Dès mon arrivée, on prit la décision de m'anesthésier; pourquoi? je n'en sais rien, j'étais trop jeune. En ce temps-là, on endormait à l'éther. On me l'administra en me mettant un linge sur le nez, et dès ce moment, d'après ce qu'on m'a raconté plus tard, mon cœur s'arrêta de battre. Je ne comprenais pas alors que c'était cela qui se passait en moi, mais sur le moment, il m'est arrivé quelque chose de bizarre. Tout d'abord — je vais vous décrire exactement ce que j'ai ressenti — j'entendis ce bruit de sonnerie, du genre brrrrnnnng-brrrrnnnng-brrrrnnnng, très rythmé. Après, me voilà comme entraîné dans ce... — ça va vous paraître dément — dans ce long couloir sombre ; quelque chose comme un égout, si vous voulez. Je ne peux pas vous le décrire. Toujours est-il que je m'enfonçais, avec ce bruit continu, ce bruit de sonnerie...

Un autre sujet déclare :

J'ai fait une très mauvaise réaction allergique à une anesthésie locale et j'en ai eu la respiration coupée, un arrêt respiratoire. La première chose qui se produisit — tout a été très rapide — fut que je m'en allai à travers ce grand vide noir à une vitesse folle. On pourrait comparer cela, mettons, à un tunnel. Je me sentais comme emportée dans une de ces attractions foraines genre montagnes russes à une allure vertigineuse.

Au cours d'une maladie grave, un homme parvint si près de la mort que ses pupilles se dilatèrent tandis que son corps devenait froid. Il raconte :

Je me trouvais dans un espace vide, dans le noir complet. C'est difficile à expliquer, mais je sentais que je m'enfonçais dans ce vide, en pleine obscurité. J'avais pourtant toute ma conscience. C'était comme si on m'avait plongé dans un cylindre sans air. Une impression de limbes : j'étais en même temps ici et ailleurs...

Un homme qui « mourut » plusieurs fois à la suite de brûlures graves et de blessures consécutives à une chute parle ainsi :

Je suis resté choqué pendant à peu près une semaine, et durant cette période j'ai tout à coup filé dans ce vide obscur. Il m'a semblé que je restais là pendant très longtemps, flottant ou tombant à travers l'espace... J'étais si absorbé par ce vide que je ne pensais plus à rien d'autre.

Avant de passer par une expérience analogue, qui eut lieu lorsqu'il était encore enfant, un homme avait souffert d'angoisse de l'obscurité. Pourtant, lorsque à la suite d'un accident de bicyclette, cause de blessures internes, son cœur cessa de battre,

> ... j'eus la sensation de me déplacer le long d'une profonde et obscure vallée. L'obscurité était si totale et impénétrable que je ne voyais absolument rien; mais c'était l'expérience la plus merveilleuse, la plus apaisante, que j'aie jamais connue.

Autre cas, une femme atteinte de péritonite :

> Le docteur avait déjà fait entrer mon frère et ma sœur afin de leur permettre de me voir une dernière fois. L'infirmière m'administra une piqûre pour m'aider à mourir sans trop de souffrance. Les objets qui m'entouraient dans l'hôpital commencèrent à s'éloigner de plus en plus; tandis qu'ils paraissaient reculer, je basculai la tête la première dans une sorte de conduit étroit et très, très sombre; je passais tout juste au travers. Et je glissais, glissais, de plus en plus bas.

Une femme, qui avait frôlé la mort à la suite d'un accident de la circulation, a tiré une comparaison d'un spectacle télévisé :

> Ce fut une impression de calme, de paix absolue, et je me trouvai dans un tunnel — un tunnel formé de cercles concentriques. Peu après cette aventure, j'ai vu à la télévision une émission intitulée *au cœur du temps*, dans laquelle des personnages remontaient le temps à

51

travers un tunnel en spirale; eh bien, c'est l'image la plus proche que je puisse trouver.

Un homme qui vit la mort de très près utilise une analogie quelque peu différente, tirée de son éducation religieuse :

> Brusquement, je me vis dans une vallée très profonde et très sombre. Il y avait comme un chemin, disons une route, qui longeait cette vallée; et moi, je parcourais ce chemin... Beaucoup plus tard, après ma guérison, il m'est venu cette pensée : maintenant, je sais ce que la Bible entend par « la vallée de l'ombre de la mort »; j'y suis allé.

6

DÉCORPORATION

Il n'est guère douteux que, dans la majorité des cas, nous nous identifions nous-mêmes, la plupart du temps, à notre corps physique. Bien entendu, nous reconnaissons aussi que nous possédons une « pensée »; mais de façon générale nous avons tendance à attribuer à cette pensée un caractère plus éphémère qu'à notre corps. Après tout, la « pensée » pourrait bien n'être que l'effet de l'activité électrique et chimique de notre cerveau, qui n'est qu'une partie de notre corps. Pour bien des gens, c'est une tâche impossible que de concevoir ce que pourrait signifier le verbe exister, en dehors de l'enveloppe corporelle à laquelle nous sommes accoutumés.

Antérieurement à leur expérience, les personnes que j'ai interrogées ne différaient en rien, dans l'ensemble, de la moyenne des gens à ce point de vue. C'est bien pourquoi, après un passage rapide par le tunnel obscur, un mourant éprouve souvent une écrasante surprise. Car, à cet instant, il peut fort bien se retrouver en train de contempler son propre corps vu de l'extérieur, comme s'il était « un spectateur » ou « une tierce personne dans

53

la chambre », observant les personnages et les événements « comme sur la scène d'un théâtre », ou encore « comme au cinéma ».

Voici quelques extraits de témoignages où sont décrits ces mystérieux épisodes de « décorporation ».

> J'avais dix-sept ans; mon frère et moi travaillions dans un parc d'attractions. Un jour, nous avons décidé d'aller nager, et un certain nombre d'autres jeunes gens en firent autant. Quelqu'un dit : « Si on traversait le lac à la nage ? » Je l'avais déjà fait très souvent, mais ce jour-là, je ne sais pas pourquoi, j'ai coulé, presque au milieu du lac... Pareil à un ludion, je montais et descendais, et tout à coup je me suis senti comme si j'étais loin de mon corps, loin de tout le monde, tout seul dans l'espace. Tout en demeurant stable à un niveau donné, j'apercevais mon corps qui montait et descendait dans l'eau. Je voyais mon corps de dos et légèrement sur ma droite. J'avais pourtant l'impression d'avoir la forme complète d'un corps entier, et cela tout en me trouvant en dehors de mon corps. J'éprouvais un sentiment de légèreté indescriptible. Je me sentais comme une plume.

Une femme raconte :

> Il y a à peu près un an, j'ai été admise à l'hôpital à la suite de troubles cardiaques; le lendemain matin, étendue dans mon lit, je commençai à ressentir une très forte douleur dans la poitrine. J'appuyai sur une sonnette près de mon lit pour appeler les infirmières; elles accoururent et s'empressèrent autour de moi. Me sentant très mal à l'aise couchée sur le dos, je voulus me tourner sur le côté; mais ce faisant je perdis mon souffle et mon cœur s'arrêta. J'entendis les infirmières donner l'alerte dans le langage codé de l'hôpital[1], et en même temps je me sentais sortir de mon corps et

---

1. En anglais : *Code pink! Code pink!*, expression codée à l'usage du personnel hospitalier, spécifiant la manœuvre à suivre d'urgence en vue de ranimer la malade. (*N.D.T.*)

glisser vers le bas entre le matelas et la barre de côté du lit — très exactement, il me semblait que je passais *au travers de* cette barre — jusqu'au sol. Puis je m'élevai doucement en l'air, et pendant que je montais, je vis d'autres infirmières pénétrer dans la chambre en courant — il y en avait une douzaine. Par hasard mon médecin se trouvait dans l'hôpital en train de faire sa ronde ; elles l'appelèrent, et je le vis entrer lui aussi. J'ai pensé : « Tiens ! qu'est-ce qu'il peut bien faire ici ? » Je continuai à m'élever jusqu'au-dessus du plafonnier (que je pus voir de côté, et très distinctement), et m'arrêtai, flottant juste au-dessous du plafond, le regard tourné vers le bas. J'avais l'impression d'être un morceau de papier sur lequel on aurait soufflé pour le faire voler en l'air.

De là-haut, j'ai assisté à tout le travail de réanimation. Mon corps gisait là, en bas, étendu sur le lit, bien en vue, et on l'entourait ; j'entendis une infirmière s'écrier : « Ah ! mon Dieu, elle a passé », tandis qu'une autre se couchait pour le bouche-à-bouche. J'apercevais *le dos* de sa tête pendant qu'elle s'y adonnait ; je n'oublierai jamais la forme de sa coiffure, elle avait les cheveux coupés court sur la nuque. Tout de suite après, j'observai cet appareil qu'on roulait dans la chambre, on fixait des électrodes sur ma poitrine. Aussitôt, je vis mon corps tout entier bondir au-dessus du lit et j'en entendis craquer tous les os, c'était horrible.

Et pendant que je les regardais frapper ma poitrine et frictionner mes bras et mes jambes, je me disais : « Mais pourquoi se donnent-elles tant de mal ? Je me sens très bien maintenant. »

Un jeune témoin déclare :

Il y a environ deux ans, je venais d'avoir dix-neuf ans, je raccompagnais un ami dans ma voiture ; et, en parvenant à ce fameux croisement dans le bas de la ville, je marquai un temps d'arrêt et pris bien soin de regarder des deux côtés, mais je ne vis rien venir. Je m'engageai donc dans le croisement, juste à point pour entendre mon camarade pousser un hurlement ; j'eus le temps d'apercevoir une lumière aveuglante, les phares d'une voiture qui se précipitait sur nous. J'entendis un bruit épouvantable — le côté de ma voiture complètement écrasé — et pendant quelques secondes je me sentis emporté dans un trou noir, un espace clos. Tout s'est passé très vite. Après quoi je me retrouvai en train de flotter à peu près à un mètre cinquante au-dessus du sol, à environ cinq mètres de la voiture, et j'entendis l'écho de la collision s'éloigner et s'éteindre. J'ai vu des gens arriver en courant et se presser autour de la voiture, puis j'ai vu mon ami se dégager de la carrosserie, visiblement en état de choc. Je voyais aussi mon propre corps dans la ferraille au milieu des gens qui essayaient de le dégager. Mes jambes étaient tordues et il y avait du sang partout.

Comme on peut facilement se l'imaginer, lorsque l'on se trouve lancé dans semblable mésaventure, les pensées et les sentiments les plus incongrus vous traversent l'esprit. Pour bien des gens, la notion de se situer en dehors de leur corps est tellement inconcevable que, alors même que cela leur arrive, ils se débattent en pleine confusion d'idées ; il ne leur vient pas à l'esprit d'établir un lien entre pareille circonstance et la mort — tout au moins avant un certain temps, qui peut être considérable. Ils se demandent ce qui se passe : pourquoi peuvent-ils tout à coup se regarder eux-mêmes, à distance, comme s'ils assistaient à un spectacle ?

Les réactions émotionnelles résultant de cet état sont extrêmement variables. Le plus souvent, au début, c'est un désir frénétique de réintégrer le corps, sans avoir la moindre idée de la façon dont il faut s'y prendre. D'autres se souviennent d'avoir eu très peur, à la limite de la panique. Quelques-uns, pourtant, font état de

réactions plus positives devant cette situation, comme
dans le cas suivant :

> J'étais tombé sérieusement malade, et le médecin me
> fit admettre à l'hôpital. Ce matin-là, un épais brouillard
> grisâtre s'établit autour de moi, et je quittai mon corps.
> J'eus le sentiment de flotter en même temps que la
> sensation de sortir de mon corps; je me suis retourné, et
> je me suis vu étendu sur le lit en dessous de moi. Cela ne
> m'a pas fait peur. Tout était tranquille, très calme,
> serein. Je n'étais pas le moins du monde troublé ni
> effrayé. C'était une impression paisible, qui ne m'inspi-
> rait aucune crainte. Je pensai que j'étais peut-être en
> train de mourir, et que si je ne retournais pas à mon
> corps, je serais mort, parti.

Tout aussi divers sont les sentiments éprouvés par
différents sujets à l'égard de leur corps, qu'ils viennent
d'abandonner. Souvent, on relève des élans de solici-
tude envers ce corps. Une jeune femme, qui poursuivait
des études d'infirmière au moment où elle connut son
expérience, mentionne une peur bien compréhensible :

> Cela peut vous paraître drôle, je sais, mais à l'école
> d'infirmières on s'était ingénié à nous persuader que
> notre devoir était de faire le don de notre corps à la
> science. Eh bien, pendant toute cette affaire, tandis que
> j'observais mon entourage en train de s'efforcer de
> rétablir ma respiration, je n'arrêtais pas de penser : « Je
> ne veux pas qu'ils se servent de ce corps comme d'un
> macchabée... »

J'ai entendu deux autres personnes exprimer exactement le même souci alors qu'elles se trouvaient en état
de décorporation. Détail intéressant, ces personnes
appartenaient toutes deux au milieu médical : l'un, en
tant que médecin, l'autre comme infirmière.
Dans un autre cas, cette préoccupation s'accompagna

d'un regret douloureux. Un homme avait souffert d'un arrêt du cœur à la suite d'une chute dont il était sorti cruellement mutilé :

> A un moment donné — je sais maintenant que j'étais couché sur mon lit — pourtant je voyais très bien le lit et le docteur qui s'affairait autour de moi. Je n'y comprenais rien, je regardais mon corps étendu, là, sur le lit ; et j'étais affreusement triste de voir à quel point ce corps, le mien, était abîmé.

D'aucuns m'ont assuré qu'ils s'étaient difficilement reconnus en apercevant leur dépouille, comme le montre ce passage caractéristique :

> Franchement, non, je ne me rendais absolument pas compte que je ressemblais à ça ! Vous comprenez, d'habitude, je ne me vois qu'en photo ou en me regardant de face dans une glace, et cela donne une image plate. Mais là, tout à coup, j'étais — ou plutôt, mon corps était devant moi et je pouvais le regarder ; je le voyais très nettement, en entier, d'une distance de près de deux mètres. J'ai mis un certain temps à m'apercevoir que c'était moi.

Dans un autre récit, cette impression d'étrangeté en face de soi-même prend des proportions extrêmes et confine à l'humoristique. Un homme, médecin de son état, raconte comment, tandis qu'il se trouvait en état de mort clinique, il se tenait près de son lit à contempler son propre cadavre, lequel avait déjà pris cette teinte de cendre grise qu'assument les corps après la mort. Éperdu, égaré, il se demandait ce qu'il allait faire. Son premier mouvement fut de penser à quitter les lieux, pour ne pas prolonger son malaise. Il se souvenait des histoires de fantômes que son grand-père lui racontait quand il était petit, et, paradoxalement, il « n'aimait pas s'attarder auprès de cette chose qui ressemblait à un cadavre — même s'il s'agissait du sien ! »

Tout à l'opposé, quelques-uns m'ont dit que leur corps ne leur avait inspiré aucun sentiment particulier. Une femme, entre autres, en pleine crise cardiaque, eut la certitude qu'elle allait mourir. Elle se sentit attirée à travers un passage obscur hors de son corps et s'en éloignait rapidement. Elle poursuit :

> Je ne me suis même pas retournée pour regarder mon corps. Oh ! je savais bien qu'il était là et que j'aurais pu le voir si j'avais voulu, mais je ne voulais pas, absolument pas ; parce que je savais que j'avais toujours agi de mon mieux dans la vie, et toute mon attention était concentrée sur ce nouvel ordre de choses. Pour moi, me retourner pour voir mon corps aurait pu me rattacher au passé, et cela, j'étais fermement décidée à l'éviter.

Pareillement, une jeune fille, qui fit l'expérience de la décorporation à la suite d'un accident où elle avait été grièvement blessée, affirme :

> Je voyais mon corps coincé dans la carrosserie, au milieu d'un tas de gens qui se pressaient tout autour ; mais voyez-vous, cela me laissait complètement indifférente. C'était comme s'il s'était agi de quelqu'un d'autre, ou même d'une chose... Je n'ignorais pas que c'était mon corps, mais cela m'était complètement égal.

En dépit de l'aspect surnaturel de ces états de décorporation, le phénomène s'impose au mourant avec une telle soudaineté qu'un certain délai lui est indispensable pour prendre pleinement conscience d'une situation si nouvelle. Il peut demeurer hors de son corps pendant un certain temps, s'efforçant désespérément de mettre de l'ordre dans cette série d'étrangetés qui lui fondent dessus et mettent son esprit en déroute, avant de se rendre compte qu'il est sur le point de mourir, voire peut-être déjà mort.

Lorsque intervient enfin cette prise de conscience, celle-ci provoque généralement une réaction très vive et suscite des pensées ahurissantes. Une femme se souvient d'avoir pensé : « Oh! je suis morte! Comme c'est bien! »

Un homme déclare que l'idée qui lui est alors venue a été celle-ci : « Alors, c'est donc ça qu'on appelle " la mort "! »

Cette constatation peut également être cause d'un grand désarroi et même s'accompagner d'un refus d'accepter la situation. Un homme, par exemple, se rappelle avoir évoqué la promesse biblique des « trois fois vingt ans plus dix ans », et s'être plaint de n'avoir eu droit qu'à une seule fois vingt ans.

Une jeune femme m'a rapporté un échantillon très impressionnant de réflexions de ce genre :

Je me suis dit que j'étais morte, mais ce n'était pas le fait d'être morte qui me tracassait, c'était le fait de ne pas savoir où j'étais censée aller. Ma pensée, ma conscience étaient exactement comme dans la vie, mais je n'arrivais pas à voir clair dans tout ça. Je me répétais : « Qu'est-ce que je vais faire? Où faut-il que j'aille? » et aussi : « Mon Dieu, me voilà morte! Ce n'est pas croyable! » Parce qu'on ne parvient jamais à croire tout à fait — du moins, je n'en ai pas l'impression — qu'on va mourir un jour. C'est une chose qui n'arrive qu'aux autres! Bien qu'il ne puisse y avoir aucun doute là-dessus, on n'arrive jamais à s'en persuader tout à fait... Alors, j'ai fini par décider d'attendre que tout ce remue-ménage soit terminé, et qu'on ait emporté mon corps, après quoi il serait toujours temps de voir si je pourrais enfin trouver où me diriger.

Dans un ou deux des cas qui m'ont été soumis, des mourants dont l'âme, l'esprit ou la conscience (au choix) s'était détaché de leur corps, affirment qu'à la suite de cette rupture ils ne sentaient plus aucune espèce de corps ; leur impression était d'être « pure conscience ». L'un d'eux commente : « Je pouvais tout voir autour de moi — y compris mon corps étendu sur le lit — sans occuper aucun espace », c'est-à-dire comme s'il avait été réduit à un « point » de conscience. Quelques autres disent qu'ils ne se rappellent plus s'ils possédaient un « corps » après avoir quitté le leur ; ils étaient bien trop absorbés par le spectacle de ce qui se passait autour d'eux.

Par contre, l'immense majorité des sujets que j'ai interrogés affirment formellement qu'à la suite de leur décorporation ils se sont vus nantis d'un autre « corps ». Et là, nous abordons nécessairement un domaine dont l'analyse devient extrêmement délicate : ce « nouveau corps » figure au petit nombre des éléments propres à l'expérience des mourants qui posent le problème de l'inadéquation du langage humain. Presque tous ceux qui ont tenté de me parler de ce « corps » ont fini par y renoncer, disant : « C'est impossible à décrire », ou autre formule analogue.

Il n'en demeure pas moins que tous les témoignages ayant trait à ce « corps » présentent entre eux d'étroites ressemblances. Alors même que chaque individu se sert de termes différents ou recourt à différentes analogies, ces expressions diverses paraissent toujours se ramener à un même modèle. Les descriptions se recoupent notamment en ce qui concerne les propriétés qui caractérisent ce nouveau corps. C'est pourquoi je m'en tiendrai à un vocable susceptible de suggérer une idée plus ou moins exacte de ces particularités — vocable qui a d'ailleurs

61

été utilisé par plusieurs de mes sujets; j'adopterai donc désormais le terme *corps spirituel.*

Il semblerait que les mourants commencent à prendre conscience de leur corps spirituel lorsqu'ils en constatent les limitations. En effet, ils découvrent, après avoir quitté leur corps physique, qu'ils ont beau s'évertuer en efforts désespérés pour avertir les personnes présentes de la situation ainsi créée, ils n'y parviennent pas : personne ne les entend. Circonstance bien illustrée par cet extrait dû à une femme qui avait succombé à un blocage de la respiration et que l'on avait transportée dans une salle de réanimation :

> Je les voyais en train de me ressusciter. C'était très curieux, comme si je me trouvais sur un piédestal, pas très haut par rapport à eux, plutôt comme si je regardais par-dessus leurs épaules. J'essayais de leur parler, mais personne ne m'entendait, personne ne songeait à m'écouter.

Comme pour aggraver le fait que sa voix demeure inaudible, celui qui occupe un corps spirituel ne tarde pas à s'apercevoir qu'il est également devenu invisible. Le personnel médical, et tous ceux qui se pressent autour du corps physique, peuvent bien concentrer leur regard vers le lieu où se situe le corps spirituel, ils ne paraissent aucunement apercevoir quoi que ce soit. Le corps spirituel ne présente en outre aucune solidité : les objets matériels placés à proximité le traversent sans rencontrer le moindre obstacle; il ne peut ni saisir ces objets ni toucher quelqu'un.

> Les médecins et les infirmières frictionnaient vigou-reusement mon corps pour rétablir ma circulation et me ramener à la vie; et moi, je n'arrêtais pas de leur crier :

« Mais laissez-moi tranquille! Tout ce que je demande, c'est qu'on me laisse tranquille. Cessez de me taper dessus! » Mais ils ne m'entendaient pas. Alors j'ai voulu leur attraper les mains pour les empêcher de me triturer, mais en vain. Je ne pouvais rien faire. C'était comme si... à vrai dire, je ne sais pas ce qui se passait, mais je n'arrivais pas à saisir leurs mains. J'avais pourtant l'impression de les atteindre, et je faisais des efforts pour les éloigner de moi, mais même quand je croyais les avoir repoussées, ces mains étaient toujours là. Je ne sais pas si les miennes leur passaient au travers, ou les contournaient, ou quoi. Je ne sentais pas le contact de ces mains que j'essayais d'empoigner...

Ou encore :

Des badauds accouraient de tous les côtés vers le lieu de l'accident. Je les observais, et j'occupais le milieu d'un trottoir très étroit. Néanmoins pendant qu'ils approchaient, ils ne semblaient pas remarquer ma présence. Ils continuaient à marcher en regardant droit devant eux. Quand ils furent vraiment tout proches, je voulus m'écarter pour leur laisser le passage, mais ils s'avançaient *à travers moi*.

Qui plus est, on s'accorde invariablement à décrire le corps spirituel comme dépourvu de poids. La plupart s'en aperçoivent lorsque (comme dans certains passages reproduits ci-dessus) ils se retrouvent planant près du plafond de leur chambre, ou simplement en l'air. Beaucoup mentionnent leur impression de « flotter », ou une sensation de non-pesanteur, ou de s'en aller à la dérive, en parlant de leur nouveau corps.

A l'état normal, lorsque nous habitons notre corps physique, nous disposons de bien des modes de perception grâce auxquels nous pouvons exactement localiser dans l'espace le lieu que nous occupons avec tous nos membres, que nous soyons immobiles ou que nous nous déplacions. La vue et le sens de l'équilibre jouent bien entendu un rôle important en l'occurrence, mais un autre élément entre également en jeu : la cinesthésie, qui est notre sensation du mouvement ou de la tension de nos muscles, de nos tendons, de nos jointures. Nous ne sommes pas conscients, en général, des sensations qui nous viennent de notre sens cinesthésique parce que la perception que nous en recevons s'atténue du fait d'une longue accoutumance. Je soupçonne pourtant que si nous en étions soudainement privés nous remarquerions immédiatement son absence. Or, effectivement, plusieurs personnes m'ont assuré qu'elles avaient eu conscience de l'absence de sensations physiques telles que poids, mouvement et localisation, dès qu'elles se trouvaient dans leur corps spirituel.

Ces caractères spécifiques des corps spirituels, qui peuvent au premier abord passer pour des limitations, méritent également d'être considérés comme une absence de limitations. Imaginez la chose de la façon suivante : une personne en corps spirituel jouit d'une condition privilégiée par rapport à celles qui l'entourent, car elle peut les voir et les entendre sans être vue ni entendue (combien d'espions envieraient cette situation!). En outre, quand bien même une poignée de porte paraîtrait insaisissable au corps spirituel qui la touche, quelle importance? Ne découvre-t-il pas bientôt qu'il lui est loisible de passer au travers de cette porte fermée? Dès que l'on s'est familiarisé avec ce nouvel état, voyager devient d'une exceptionnelle facilité; les matériaux physiques n'opposent plus aucune barrière et les déplacements d'un lieu à un autre peuvent s'opérer avec une rapidité extrême, presque instantanément.

Allons plus loin : aussi imperceptible à l'entourage

physique que puisse être le corps spirituel, tous ceux qui en ont fait l'expérience s'accordent à affirmer que ce « corps » est néanmoins *quelque chose,* même s'il est impossible d'en fournir une description. A les en croire, le corps spirituel possède un aspect ou une forme ; il est parfois comparé à un nuage, sphérique ou sans contour précis, mais affecte aussi, bien souvent, l'aspect général du corps physique. Il s'agrémente même de membres : projections ou apparences suggérant des bras, des jambes, une tête, etc. Même lorsque la forme générale en est présentée comme vaguement arrondie, celle-ci passe souvent pour posséder des limites, un haut et un bas bien définis, et ces extrémités que je viens de mentionner.

Ce nouveau « corps » m'a été dépeint en termes très divers, mais on s'aperçoit vite que c'est toujours la même idée qui est exprimée dans chaque cas. Parmi les mots employés par différents sujets j'ai relevé : un nuage, un brouillard, une sorte de fumée, une vapeur, une transparence, une nuée colorée, une fumerolle, un centre énergétique, et d'autres encore qui évoquent des images similaires.

Enfin, presque tous mes narrateurs signalent que cet état s'accompagne d'une *absence de temps.* Beaucoup disent que, tout en se sentant tenus de raconter cet interlude spirituel en termes de temporalité (étant donné que le langage humain est temporel), le temps ne figurait pas réellement parmi les éléments de leur expérience à la façon dont il se conçoit dans la vie physique. Voici des extraits de cinq interviews, qui constituent autant de témoignages de première main, au cours desquelles sont évoqués certains aspects fantastiques de l'existence en état de corps spirituel :

1. J'ai perdu le contrôle de ma direction dans un virage, ma voiture a quitté la route, bondi en l'air — je me rappelle avoir vu le bleu du ciel — pour retomber dans un fossé. Au moment où l'auto quittait la route, je me suis dit : « Ce coup-ci, j'ai mon accident! » Et tout de suite, j'ai perdu la notion du temps et celle de ma réalité physique en tant que corps — j'ai perdu le contact avec mon corps. Mon « être », ou mon *moi*, ou mon esprit — appelez cela comme vous voudrez — je le sentais monter hors de moi, à travers ma tête; cela ne me faisait pas mal, c'était comme s'il s'élevait, comme s'il était au-dessus de moi...

Mon « être » avait une certaine *densité*, enfin presque. Pas une densité physique — je dirais plutôt des ondes, ou quelque chose comme ça, je ne sais pas; rien de vraiment matériel, mettons une charge électrique si vous voulez. Mais c'était quand même quelque chose. C'était petit, vaguement sphérique, mais sans contour précis, à peine un nuage (...).

Quand cette chose est sortie de mon corps, il m'a semblé qu'une partie plus renflée partait la première, et la plus fine en dernier (...). Tout ça était léger, très léger. Cela ne produisait aucune tension sur mon corps (physique); c'était une sensation totalement séparée. Mon corps ne pesait plus rien.

Le moment le plus bizarre a été celui où mon *moi* s'est trouvé suspendu au-dessus du devant de ma tête comme s'il ne parvenait pas à se décider à partir ou à rester. J'ai eu l'impression que le temps s'était arrêté. Au début et à la fin de l'accident, tout s'est passé très vite; mais dans l'instant, dans l'intervalle, pendant que mon être était suspendu au-dessus de moi et que l'auto franchissait le talus, il m'a semblé qu'il se passait très longtemps avant que la voiture n'arrive à son point de chute. Et pendant cette durée, je ne me souciais pas tellement de la voiture, de l'accident, ni même de mon corps, mais uniquement de mon « esprit » (...).

Mon « être » n'avait rien de matériel, mais je suis bien obligé d'employer des termes physiques pour essayer de le décrire. Ça pourrait se faire d'un tas de façons différentes, en utilisant des vocabulaires de toutes sortes mais aucun d'eux ne vous en donnerait une idée tout à fait exacte. C'est difficile à décrire.

Enfin, la voiture a atteint le sol et s'est retournée, mais je n'ai eu en fait de blessures qu'un torticolis et un pied contusionné.

2. (Quand j'ai quitté mon corps physique) c'était comme si je sortais de mon corps pour entrer dans quelque chose d'autre. Je n'ai pas eu l'impression de n'être plus rien; j'avais un autre corps... mais pas du tout un corps humain ordinaire. C'est un peu différent. Pas exactement comme un corps humain, mais ce n'était pas non plus comme un grand globe de matière. Ça avait une forme; mais pas de couleur. Et je sais que j'avais quelque chose qu'on pourrait appeler des mains.

Ça ne peut pas se décrire. J'étais d'ailleurs beaucoup trop fasciné par tout ce qui se passait autour de moi, par la vue de mon corps (physique), et tout ça; je n'ai donc pas fait très attention à ce nouveau corps que j'avais. Et tout semblait se passer très vite. Le temps n'entrait plus en ligne de compte — et pourtant, si. Tout paraît aller plus vite quand on est hors de son corps.

3. Je me rappelle avoir été roulé dans la salle d'opération et les heures qui ont suivi ont été ma période critique. Pendant ce temps, je n'arrêtais pas de rentrer et de sortir de mon corps, que je pouvais très bien voir quand je me trouvais au-dessus. Mais dans ces moments-là, j'avais aussi un corps — pas un corps matériel, mais quelque chose que je pourrais comparer au mieux à un centre énergétique. S'il faut absolument employer des mots, je dirais que c'était transparent, une entité spirituelle par opposition avec un être physique. Ce qui ne l'empêchait pas de comporter différentes parties.

4. Quand mon cœur s'arrêta de battre (...) je me suis senti comme un ballon rond, peut-être bien comme si j'avais été une petite sphère à l'intérieur de cette balle ronde. Je n'arrive pas à vous expliquer ça.

5. J'étais sorti de mon corps, en train de le regarder, à une distance d'une dizaine de mètres; mais j'avais toute ma conscience, exactement comme dans la vie courante. Et le *lieu* de ma pensée se situait à hauteur normale par rapport à un corps. Je n'étais pourtant pas dans un corps proprement dit. Je sentais quelque chose, une espèce de — disons — une capsule, avec une forme bien nette. Je ne la distinguais pas, c'était plutôt transparent, mais pas tout à fait. C'était comme si j'étais là — une énergie, peut-être, ou, si vous voulez, une petite concentration d'énergie. Et je ne ressentais aucune sensation corporelle — ni température ni rien de ce genre.

Dans leurs rapports, d'autres sujets ont brièvement fait état de l'identité de forme entre leur corps physique et leur nouveau corps. Une femme m'a déclaré que, pendant son séjour hors de son corps, « je me sentais une forme corporelle complète, j'avais des bras, des jambes, et tout le reste — et pourtant j'étais dépourvue de poids ». Une dame qui observait les tentatives de réanimation opérées sur son corps, d'un point situé juste au-dessous du plafond, dit : « J'avais toujours un corps. J'étais étendue, regardant vers le bas. Je remuais les jambes et j'ai remarqué que l'une des deux était plus chaude que l'autre. »

Au même titre que la complète liberté de mouvement, l'état spirituel offre, selon certains, une égale liberté de pensée. A maintes reprises, les intéressés m'ont rapporté que, une fois accoutumés à leur nouvelle situation, ils se sont découvert une pensée plus lucide et plus rapide que dans l'existence physique. Entre autres, un homme m'a affirmé que, tandis qu'il était « mort »,

... ce qui nous paraît impossible ici et maintenant devient tout à coup possible. Notre esprit devient merveilleusement clair. Ma pensée prenait note de tout et résolvait tous les problèmes comme cela ne m'était jamais arrivé auparavant, et cela sans avoir à revenir plus d'une fois sur les mêmes idées. Au bout d'un moment, toute l'expérience par laquelle je passais prenait en quelque façon un sens.

Dans le nouveau corps, la perception est à la fois semblable à, et distincte de, celle qui se manifeste dans le corps physique. Sous certains rapports, l'état spirituel est limité; comme nous l'avons vu, la cinesthésie en tant que telle en est absente. Quelques personnes donnent à entendre qu'elles n'ont éprouvé aucune sensation de température, pendant que d'autres, en plus grand nombre, évoquent une agréable « chaleur ». Mais aucune d'entre elles n'a parlé d'odeurs ou de goûts durant leur séjour hors du corps physique.

En revanche, les sens correspondant aux sens physiques de la vue et de l'ouïe demeurent parfaitement intacts dans le corps spirituel, et paraissent en fait considérablement aiguisés, plus parfaits qu'ils ne le sont dans l'existence physique. Un homme précise que, tandis qu'il était « mort », sa vision était incroyablement plus puissante et, pour citer ses propres paroles : « Je ne parviens pas à comprendre comment j'arrivais à voir aussi loin. » Une femme note : « Tout se passait comme si cette faculté spirituelle était sans limite, comme s'il m'était donné de voir toutes choses et partout. » Ce phénomène est décrit de façon très pittoresque dans ce passage d'un témoignage fourni par une femme qui s'était décorporée à la suite d'un accident :

Il y avait un grand remue-ménage, des gens s'empressant autour de l'ambulance; et chaque fois que je regardais quelqu'un en cherchant à deviner ses pensées, il se produisait un effet de « zoom »[1], comme avec une caméra nantie d'une lentille *ad hoc*, et j'étais brusquement là, toute proche. Pourtant, il me semblait que cette partie de moi-même que j'appellerai mon « esprit » n'avait pas changé de place, distante de quelques mètres par rapport à mon corps. Quand je souhaitais voir quelqu'un qui se trouvait au loin, c'était comme si quelque chose de moi, une espèce de tête chercheuse, s'élançait vers cette personne. Et j'avais alors l'impression que si n'importe quoi se produisait n'importe où dans le monde, il me serait facile d'y assister.

L'ouïe, en état de corps spirituel, ne peut apparemment être désignée ainsi que par analogie, et la plupart des témoins disent qu'ils n' « entendent » pas vraiment des sons ou des voix ; ils semblent plutôt percevoir directement les pensées de ceux qui les entourent, et, comme nous le verrons par la suite, cette communication directe de conscience à conscience sera appelée à jouer un rôle important au cours des stades ultérieurs de l'expérience des mourants.

Ainsi s'exprime une dame :

> ... Je voyais des gens autour de moi et je comprenais ce qu'ils disaient. Je ne les entendais pas sous une forme auditive comme je vous entends. C'était plutôt comme si je savais ce qu'ils pensaient, exactement ce qu'ils pensaient, mais seulement en idée, pas dans leur vocabulaire. Je captais leur pensée une seconde avant qu'ils n'ouvrent la bouche pour parler.

Enfin, en me fondant sur un témoignage unique, mais très significatif, je noterai qu'une détérioration même

---

1. *Zoom* est un terme couramment utilisé en langage de technique cinématographique pour désigner le passage rapide d'un plan éloigné à un très gros plan, par un effet de rapprochement obtenu à l'aide d'un dispositif optique spécial. (N.D.T.).

grave du corps physique n'affecte en rien l'intégrité du corps spirituel. En cette occurrence, il s'agissait d'un homme qui avait été partiellement amputé d'une jambe dans le cours d'un accident qui devait provoquer sa mort clinique. Il se savait ainsi diminué car il voyait distinctement, quoique à distance, son corps mutilé, sur lequel se penchait un chirurgien ; néanmoins, tandis qu'il se trouvait projeté hors de lui-même,

> ... je sentais fort bien mon corps, et il était entier. J'en suis certain. Je me sentais complet, ma personne tout entière était là, tout en n'y étant pas.

Dans cet état de décorporation, donc, l'individu se sent coupé d'autrui. Il est capable de voir les autres et de pénétrer complètement leurs pensées, mais en revanche ceux-ci ne peuvent ni le voir ni l'entendre. Toute communication avec les êtres humains est de ce fait suspendue, même au niveau du toucher, dès lors que le corps spirituel est dépourvu de solidité. Par conséquent, nous ne nous étonnerons pas si, lorsque cet état se prolonge un certain temps, l'individu finit par éprouver une impression de profonde solitude, d'isolement. Selon le témoignage d'un homme, il voyait tout ce qui se passait autour de lui dans l'hôpital — les médecins, les infirmières, et tout le personnel vaquant à ses tâches ; mais il lui était impossible de communiquer avec eux, si bien que, dit-il, « j'étais terriblement seul ».

Bien d'autres m'ont également parlé de cette impression intense d'isolement :

> Mon expérience, avec tout ce qui m'arrivait, était d'une grande beauté, mais demeurait indescriptible. Je souhaitais que d'autres pussent assister à tout cela avec moi, persuadé que je ne serais jamais capable de le

décrire à quiconque. Je déplorais cette solitude parce
que j'aurais voulu que quelqu'un soit présent pour
partager ces impressions avec moi. Mais je savais bien
que personne ne pouvait se trouver là où j'étais à ce
moment-là, c'est-à-dire dans un monde à part. J'en fus
passablement déprimé.

Ou :

Je ne pouvais rien toucher, ni communiquer avec
l'entourage. C'était une affreuse sensation de solitude,
un isolement total. Je me voyais complètement seul,
abandonné.

Et encore :

J'étais stupéfait. Je n'arrivais pas à croire que tout ça
était vrai. Je ne me sentais pas réellement inquiet, je ne
me faisais pas de souci, je ne me disais pas : « Ah ! mon
Dieu, me voilà mort et je laisse là mes pauvres parents,
ils vont être si tristes, et je ne les reverrai jamais » ; non,
rien de ce genre ne me venait à l'esprit.

Pourtant, pendant tout ce temps, j'avais conscience
d'être seul, très seul — comme un étranger venu
d'ailleurs, comme si tout ce qui me rattachait au monde
était coupé ; disons, comme s'il n'y avait plus d'amour,
ni rien. Tout devenait tellement... technique — je ne
comprends pas, non, franchement.

Cette impression de solitude ne tarde pas, cependant,
à se dissiper, à mesure que le mourant s'enfonce de plus
en plus dans l'expérience de la mort. Car vient le
moment où d'autres entités s'avancent à sa rencontre
afin de le secourir dans son épreuve. Ces derniers
peuvent se présenter sous la forme d'autres esprits,
souvent ceux de parents ou d'amis décédés que le sujet a

connus durant sa vie. Mais plus fréquemment encore, dans les témoignages que j'ai reçus, c'est une entité spirituelle d'un caractère très différent qui apparaît. Nous allons le voir dans les extraits suivants, consacrés à de telles confrontations.

7

CONTACTS AVEC D'AUTRES

Plusieurs sujets m'ont relaté comment, à un moment donné — pour les uns dès le début de leur expérience, pour d'autres à la suite d'événements ayant déjà eu lieu — ils avaient pris conscience de la présence, dans leur environnement, d'autres entités spirituelles dont le rôle paraissait consister à leur faciliter le passage vers la mort; ou bien, comme ce fut deux fois le cas, à leur faire savoir que l'heure de mourir n'avait pas encore sonné pour eux et qu'il leur fallait réintégrer leur corps physique.

Ça m'est arrivé à la naissance d'un de mes enfants. L'accouchement avait été très difficile, j'avais perdu beaucoup de sang. Le médecin avait renoncé à me sauver et il a annoncé à ma famille que j'allais mourir. Mais moi, pendant ce temps, je me sentais très lucide, et même, quand j'ai entendu le médecin parler de ma mort, j'ai cru que j'allais reprendre connaissance. C'est à ce moment que je me suis aperçue de la présence d'un tas de monde, presque une foule, planant à la hauteur du plafond de ma chambre. Tous des gens que j'avais connus autrefois et qui étaient passés dans l'autre monde. Je reconnaissais ma grand-mère, et une ancienne camarade de classe, et aussi d'autres parents ou amis. Je voyais surtout leur visage et je les sentais là. Ils avaient tous l'air content, c'était une circonstance heureuse, et je savais qu'ils étaient venus pour me protéger ou pour me guider. C'était comme si je revenais chez moi et que l'on soit venu m'accueillir sur le seuil pour me souhaiter la bienvenue. Tout me paraissait beau et léger. Ce fut une minute magnifique, toute de splendeur.

Un homme se souvient :

Peu de temps avant ma prétendue mort, un de mes très bons amis, Bob, avait été tué. Au moment où je suis sorti de mon corps, j'ai eu le sentiment très vif que Bob se tenait tout près de moi. Je le voyais mentalement, et je le sentais là, mais c'était une sensation curieuse : je ne le voyais pas physiquement ; je distinguais des choses, mais pas sous une forme physique ; et pourtant de façon très claire, ses traits, tout. Je ne sais pas si je me fais bien comprendre. Il était là, mais il n'avait pas son corps terrestre. C'était un corps un peu diaphane, il me faisait l'effet d'avoir tous ses membres — bras, jambes, etc. — mais je ne peux pas dire que je le *voyais* physiquement. Dans l'instant, ça ne m'a pas semblé bizarre parce que je ne ressentais aucun besoin de le voir de mes yeux. D'ailleurs, je n'avais pas d'yeux.
Je lui demandais sans arrêt : « Bob, où faut-il que j'aille maintenant ? Qu'est-ce qui m'est arrivé ? Est-ce que je suis mort, oui ou non ? » Mais il ne me répondait pas, il demeurait sans dire un mot. Par la suite, durant mon séjour à l'hôpital, il revenait souvent et je l'interrogeais de nouveau : « Qu'est-ce qui se passe ? » mais pas de réponse. Et puis le jour où les médecins ont déclaré que j'étais sauvé, il est parti. Je ne l'ai pas revu, je n'ai plus senti sa présence. C'était presque comme s'il avait attendu que je franchisse la frontière finale, et alors seulement il m'aurait parlé, donné les détails sur ce qu'il fallait faire.

75

Dans d'autres occurrences, les esprits rencontrés ne sont pas des personnes que l'on a connues dans la vie passée. Une femme m'a raconté que pendant sa décorporation elle avait vu non seulement son propre corps spirituel, transparent, mais également un autre, celui d'une personne qui venait de mourir très récemment. Elle ne savait pas qui était cette personne, mais fit cette remarque très intéressante : « Je n'ai pas pu donner à cet esprit un *âge* quelconque. Moi-même, j'avais perdu le sens du temps. »

Dans quelques cas plutôt rares, les sujets en venaient à supposer que les entités rencontrées étaient leurs « anges gardiens ». Un de ces esprits dit à un mourant : « Je suis venu t'aider dans cette circonstance de ta vie, mais dorénavant je vais te confier à d'autres. » Une femme m'a rapporté que, lors de sa décorporation, elle distingua la présence de deux êtres qui se présentèrent à elle comme des « guides spirituels ».

En deux occasions très similaires, des sujets m'ont dit avoir entendu une voix qui leur apprenait qu'ils n'étaient pas encore morts, qu'il leur fallait s'en retourner. L'un d'entre eux s'exprime ainsi :

> J'ai entendu une voix, pas une voix humaine, c'est comme une audition au-delà des sens physiques, qui me disait ce que je devais faire — c'est-à-dire : revenir à la vie — et je n'ai pas eu peur de réintégrer mon corps.

Enfin, les entités spirituelles peuvent éventuellement n'assumer aucune forme :

> Pendant que j'étais mort, dans ce grand vide, je parlais à des gens — mais à vrai dire il ne s'agissait pas d'êtres corporels. Pourtant j'avais l'impression qu'il y avait des gens autour de moi, je sentais leur présence, je

les sentais bouger, bien que je n'aie jamais vu personne.
De temps en temps, je conversais avec l'un d'eux,
toujours sans les voir. Chaque fois que je demandais ce
qui se passait, je recevais toujours une réponse, mentalement ; on me disait que tout était dans l'ordre, que
j'étais en train de mourir, mais que j'allais bientôt me
sentir très bien. En sorte que je ne m'inquiétais pas de
la situation. Je recevais toujours une réponse aux
questions que je me posais ; jamais ils ne laissaient ma
pensée tourner à vide.

8

L'ÊTRE DE LUMIÈRE

De tous les éléments communs figurant dans les témoignages que j'ai analysés, le plus difficilement croyable, et en même temps celui qui produit sur le témoin l'impression la plus intense, c'est la rencontre avec une très brillante lumière. Détail typique : lors de sa première manifestation, cette lumière est pâle, mais elle devient vite de plus en plus éclatante jusqu'à atteindre une brillance supraterrestre. Et bien que cette lumière (généralement qualifiée de « blanche » ou de « claire ») soit d'un rayonnement indescriptible, beaucoup insistent sur le fait caractéristique qu'elle ne brûle pas les yeux, qu'elle n'éblouit pas, qu'elle n'empêche pas de voir distinctement les objets environnants (peut-être parce que, dans ce moment, les témoins ne sont pas physiquement dotés d'yeux, ce qui exclut l'éblouissement).

Malgré l'aspect extraordinaire de cette apparition, pas un seul d'entre mes sujets n'a exprimé le moindre doute quant au fait qu'il s'agissait d'un être, d'un être de lumière. Et qui plus est, cet être est une Personne, il

78

possède une personnalité nettement définie. La chaleur et l'amour qui émanent de cet être à l'adresse du mourant dépassent de loin toute possibilité d'expression. L'homme se sent comme envahi et transporté par cet amour; il s'abandonne en toute sérénité au bienveillant accueil qui lui est fait. Un attrait magnétique, irrésistible, émane de cette lumière, vers laquelle il se sent inéluctablement entraîné.

Remarque importante : alors que cette description de l'être de lumière demeure exactement la même d'un témoignage à l'autre, l'identification de cet être varie singulièrement et semble dépendre en grande partie des antécédents, de l'éducation et des croyances religieuses de chaque individu. Ainsi, la plupart de ceux qui ont été élevés dans la tradition ou la foi chrétienne identifient cette lumière au Christ; ils invoquent parfois, pour étayer cette interprétation, des références bibliques. Un homme et une femme de religion israélite voyaient en cette entité un « ange ». Bien entendu, dans ces deux derniers cas, les sujets ne prétendaient aucunement que l'être en question possédât des ailes, ou jouât de la harpe, ni même qu'il présentât un aspect humain. Il n'était que lumière. Ce que chacun d'entre eux tentait d'exprimer était que, pour eux, l'être jouait un rôle d'émissaire, ou de guide. Un homme qui n'avait reçu ni croyances ni éducation religieuse avant de subir cette expérience parlait tout simplement d'un « être de lumière ». Cette même appellation a également été utilisée par une dame professant la foi chrétienne et qui, apparemment, ne se sentait nullement portée à considérer que cette lumière fût le Christ.

Peu de temps après cette apparition, l'entité entre en communication avec le mourant. Il faut noter que cette communication s'effectue directement, selon le procédé déjà rencontré qui permet aux corps spirituels de « capter les pensées » de l'entourage ; ici encore, les témoins affirment qu'ils n'ont perçu aucun son, aucune voix provenant de l'être lumineux, et qu'ils n'ont pas davantage émis de sons audibles pour lui répondre. Ils font allusion à un transfert direct de la pensée, sans obstacle, et d'une netteté si absolue qu'aucune place n'est laissée au risque d'erreur ou de mensonge.

De plus, ce dialogue sans entrave n'emprunte rien à la langue maternelle du sujet ; ce qui n'empêche nullement celui-ci de tout comprendre et de recevoir une information instantanée. Plus tard, lors de son retour à la vie, il se révélera incapable de transposer en un langage normal les pensées ainsi échangées au seuil de la mort.

L'étape suivante de l'expérience apporte une éloquente illustration des difficultés auxquelles on se heurte dès que l'on essaye de traduire ce langage non verbal. L'entité, tout de suite après s'être montrée au mourant de façon si spectaculaire, dirige vers lui une pensée que les intéressés ont généralement tenté de me présenter comme une question. Parmi les traductions qui m'ont été soumises, je relève : « Es-tu préparé à la mort ? » « Es-tu prêt à mourir ? » ou : « Qu'as-tu fait de ta vie, que tu puisses me montrer ? » et : « Qu'as-tu fait de ta vie que tu estimes suffisant ? » Les deux premières formules, qui mettent l'accent sur une « préparation » semblent comporter une signification différente par rapport aux deux dernières, qui insistent sur l'œuvre accomplie. J'aurais plutôt tendance à supposer que ces tentatives de traduction reviennent plus ou moins au même, ainsi qu'en témoigne la version suivante due à une femme qui relate :

La première chose qu'Il m'a dite était qu'Il me demandait si j'étais prête à mourir, ou si j'avais accompli quelque chose dans ma vie que j'aurais aimé lui montrer.

Mieux encore, alors même que la « question » se trouve tournée tout autrement, et sous une forme moins conventionnelle, on s'aperçoit qu'à la réflexion elle conserve une intensité identique. Par exemple, un homme m'a dit que, pendant qu'il était mort,

> ... la voix m'a posé une question : « Est-ce que cela valait la peine ? » et ce qu'elle voulait dire concernait la vie que j'avais menée jusqu'à ce terme, et le jugement que je portais sur sa valeur, sachant désormais ce que je savais.

Tous, d'ailleurs, proclament que cette interrogation, pour définitive et fondamentale qu'elle puisse apparaître dans son impact émotionnel, ne comporte pas la moindre nuance de condamnation. L'accord est total sur ce point : telle que l'entité la profère, cette question n'implique ni accusation ni menace ; les sujets ne cessent de ressentir l'effluve d'amour et d'accueil cordial qui émane de la lumière, quelle que puisse être la réponse fournie. Le but de la question semble être d'amener les mourants à réfléchir sur leur existence passée, à en redessiner les grandes lignes. C'est, si l'on veut, une interrogation de style socratique, de celles qui n'appellent aucune réponse, uniquement destinée à aider l'interrogé à s'avancer de lui-même sur le chemin de la vérité. Examinons quelques témoignages de première main ayant trait à cette entité fantastique :

> 1. J'ai entendu les médecins dire que j'étais mort, et c'est à ce moment-là que je me suis senti dégringoler, ou

plus exactement comme si je flottais dans cette obscurité, qui était comme un endroit clos. Je ne trouve pas de mots pour exprimer ça. Tout était très noir, sauf que dans le lointain j'apercevais cette lumière. C'était une lumière très, très brillante, mais pas très grande au début ; elle augmentait à mesure que je m'en approchais.

Je faisais des efforts pour rejoindre cette lumière parce que j'avais le sentiment que c'était le Christ, et je voulais arriver jusqu'à Lui. Il n'y avait rien là d'effrayant ; c'était même plutôt agréable. Parce que, comme chrétien, j'avais naturellement établi une relation entre la lumière et le Christ qui avait dit : « Je suis la Lumière du monde. » Je me disais : « Si c'est vraiment la fin, si je dois mourir, alors je sais quel est Celui qui m'attend, là-bas, dans cette lumière. »

2. Je me suis levée et je suis sortie dans le couloir pour aller boire quelque chose, et c'est à cet instant, on l'a su plus tard, que je me suis fait une perforation de l'appendice. Mes forces m'ont lâchée, et je suis tombée sur le sol. Je me suis mise à dériver, je me sentais comme si j'avais été tantôt dans mon corps et tantôt en dehors, et j'entendais une musique très belle. Je flottais au long du couloir, dépassant le seuil jusqu'au portique dont les battants étaient fermés. Là, ce fut comme si des nuages, ou plutôt un brouillard rose, s'amassaient autour de moi ; j'ai continué à flotter au travers des battants du portique, comme s'ils n'avaient pas existé, et de là vers cette lumière de pur cristal, une lumière blanche qui rayonnait ; une lumière très belle, très brillante, irradiante. Mais elle ne faisait pas mal aux yeux. On ne peut comparer cette lumière à rien de ce qui existe sur terre. Je ne peux pas dire que j'aie vu une personne dans cette lumière, mais il m'a paru certain qu'elle possède une identité, c'est indéniable. Imaginez une lumière faite de totale compréhension et de parfait amour.

Une pensée a été dirigée vers moi : « M'aimes-tu ? » Cela ne m'est pas venu sous la forme d'une question, mais je crois bien que ce que la lumière voulait me dire était ceci : « Si tu m'aimes, retourne sur tes pas, achève ce que tu as commencé. » Et pendant ce temps, je me sentais tout enveloppée de compassion, et comme écrasée d'amour...

3. Je savais que j'allais mourir et que je n'y pouvais plus rien, parce que personne ne pouvait plus m'entendre... J'étais sorti de mon corps, j'en suis sûr, puisque je voyais ce corps étendu, là, sur la table d'opération. Mon âme l'avait quitté! J'ai été d'abord très bouleversé, mais c'est alors qu'est intervenue cette lumière brillante. Au début, elle m'a paru un peu pâle, mais tout à coup il y a eu ce rayon intense. La luminosité était prodigieuse, rien à voir avec un éclair d'orage, une lumière insoutenable, voilà tout. Et cela dégageait de la chaleur, je me suis senti tout chaud.

C'était d'un blanc étincelant, tirant un peu sur le jaune — mais surtout blanc. Cela brillait formidablement, je n'arrive pas à bien le décrire. Cela éclairait tout alentour, mais cela ne m'empêchait absolument pas de voir tout le reste, la salle d'opération, le docteur et les infirmiers, tout. J'y voyais très distinctement, sans être aveuglé.

Au commencement, quand la lumière est arrivée, je ne me rendais pas très bien compte de ce qui se passait; mais après, la lumière m'a demandé — enfin, c'était comme si elle me demandait — si j'étais prêt à mourir. C'était comme quand on parle à quelqu'un, seulement il n'y avait personne. C'était la lumière qui me parlait, elle avait une *voix*.

J'imagine maintenant que cette voix qui me parlait a dû constater que je n'étais pas du tout prêt à mourir. Elle voulait simplement me mettre à l'épreuve, sans plus. Et cependant, à partir du moment où elle a commencé à me parler, je me suis senti délicieusement bien, protégé, et aimé. L'amour qui émanait de la lumière est inimaginable, indescriptible. Et par-dessus le marché, elle dégageait de la gaieté! Elle avait le sens de l'humour, je vous assure!

9

LE PANORAMA DE LA VIE

L'apparition initiale de l'être de lumière et ses interrogations muettes constituent le prélude d'un épisode d'une extrême intensité, pendant lequel l'entité présente au mourant une vision panoramique embrassant toute sa vie passée. Il ressort de façon évidente que l'entité elle-même possède déjà la connaissance de tous les détails de cette vie et n'a nul besoin d'en recevoir l'information. Son seul but est d'éveiller la réflexion.

Ce retour en arrière ne peut être dépeint qu'en termes de souvenir, phénomène familier le plus comparable; mais les caractéristiques de cette récapitulation sont tout autres que celles d'une remise en mémoire ordinaire. D'abord, le rythme en est extrêmement rapide; les souvenirs — pour emprunter un langage temporel — se succèdent alors à une vitesse vertigineuse, dans leur ordre chronologique. D'autres témoignages ne font état d'aucune succession dans le temps : le rappel est instantané, tout se présente simultanément, et un seul regard mental suffit à embrasser le tout. Quoi qu'il en soit, tous tombent d'accord pour estimer que l'événement n'a guère duré plus d'un court instant terrestre. Pourtant, en dépit de cette brièveté, les sujets sont également unanimes à souligner que cette évocation, presque toujours décrite comme une profusion d'images visuelles, est incroyablement vivante et réaliste. Certains précisent que les tableaux apparaissent en couleurs très vives, en relief, et même en mouvement. Malgré l'impétuosité de ce défilé, chaque image est nettement perçue et reconnue. Les sentiments et les émotions associés à chaque scène renaissent également au passage.

Certains de mes narrateurs déclarent, bien qu'ils ne parviennent pas à l'expliquer correctement, que tous les actes de leur vie figuraient dans cette exposition, du plus insignifiant au plus décisif. Pour d'autres, il ne s'agissait que des faits majeurs de leur existence. Quelques-uns m'ont affirmé que, après cette expérience, ils ont longtemps conservé un souvenir incroyablement précis des moindres détails de leur vie passée.

Plusieurs ont voulu voir dans ce qui précède l'effet d'une volonté éducative de la part de l'être de lumière. Car, tout au long de cette rétrospective, l'être ne cesse de souligner l'importance de deux devoirs fondamentaux : apprendre à aimer le prochain et acquérir la connaissance. Voici un exemple représentatif de cette tendance, extrait du témoignage d'une très jeune femme :

> Dès qu'il m'est apparu, l'être de lumière m'a tout de suite demandé : « Montre-moi ce que tu as fait de ta vie », ou quelque chose d'approchant. Et aussitôt les retours en arrière ont commencé. Je me demandais ce qui m'arrivait, parce que d'un seul coup je me retrouvais toute petite, et à partir de là je me suis mise à avancer à travers les premiers temps de mon existence, année par année, jusqu'au moment présent.
>
> C'était curieux, de voir que ça commençait quand j'étais une toute petite fille jouant sur une plage près de

chez nous, et il y avait aussi d'autres tableaux datant à peu près de la même époque, des scènes avec ma sœur ou d'autres gens du voisinage, des endroits où j'étais allée. Puis je me suis vue dans une garderie d'enfants, et je me suis souvenue d'un jouet que j'aimais beaucoup et que j'ai cassé, après quoi j'avais pleuré très longtemps tellement j'en avais été traumatisée. Les images continuaient à défiler, je me suis revue en train de camper avec les filles scoutes ; j'ai retrouvé quantité de souvenirs des années de lycée ; dans le secondaire, on m'a inscrite au tableau d'honneur, et je me suis rappelé ma joie au moment où j'avais été nommée. Après quoi j'ai revécu les classes supérieures, mes examens, mes premières années d'étudiante, jusqu'à l'époque où tout cela s'est produit.

Toutes ces choses m'étaient réapparues dans l'ordre où je les avais vécues ; elles semblaient réelles. Les décors étaient comme quand on sort de chez soi et qu'on voit les choses avec tout leur **relief**, et en couleurs. Et ça bougeait. Par exemple, quand je me suis vue en train de casser mon jouet, j'aurais pu décomposer chacun de mes mouvements. Mais je ne revivais pas la scène telle que je l'avais vue avec mes yeux d'enfant, c'était comme si la petite fille que je voyais était quelqu'un d'autre, comme au cinéma, une petite fille parmi les autres enfants qui jouaient dans cette salle. Pourtant c'était bien moi. Je me voyais faisant ce que je faisais quand j'étais petite, tout se passait exactement comme dans la réalité ; je m'en souviens très bien.

Pendant le défilé des images, je ne voyais plus l'être de lumière ; il avait disparu tout de suite après m'avoir demandé ce que j'avais fait, dès que les retours en arrière avaient commencé ; néanmoins je n'ai pas cessé de le savoir à mes côtés, je savais aussi que c'était lui qui m'entraînait à travers mon passé ; d'abord, parce que je sentais sa présence, et en plus il lui arrivait de faire des commentaires de temps à autre. Il n'essayait pas de s'informer sur ce que j'avais fait — il le savait parfaitement ; il choisissait certains passages de mon existence et les faisait revivre devant moi pour me les remettre en mémoire.

Et durant tout ce temps, il ne manquait pas une occasion de me faire remarquer l'importance de l'amour. Les épisodes où cela ressortait le mieux concernaient ma sœur; j'ai toujours été très proche d'elle. Il m'a fait revoir des scènes où je m'étais montrée égoïste à son égard, mais aussi d'autres où j'avais été bonne et généreuse. Il m'a dit qu'il faudrait que je pense davantage aux autres, que je devrais agir de mon mieux. Mais rien de tout ça ne ressemblait à une accusation; même quand il me rappelait des occasions où j'avais été égoïste, il voulait me montrer que j'en avais également tiré la leçon.

Il insistait aussi beaucoup sur l'importance de la connaissance. Il me signalait sans arrêt tout ce qui a rapport avec « apprendre ». Il m'a dit que j'allais devoir continuer à apprendre, et que même lorsqu'il reviendrait un jour me chercher (parce que, entre-temps, il m'avait révélé que j'allais revivre), il y aurait toujours en moi un besoin de savoir. Il m'a dit que c'est un besoin permanent, d'où j'ai conclu que cela doit continuer après la mort. Je crois bien que son but, en me faisant assister à tout mon passé, était de m'instruire.

Tout ça était vraiment très inattendu. J'étais là, je voyais réellement toutes ces scènes; je les parcourais effectivement, et tout allait si vite — en me laissant toutefois le temps nécessaire pour que je n'en perde rien. Pourtant dans l'ensemble ça n'a pas duré très longtemps. Du moins, je n'en ai pas eu l'impression. Il y a eu d'abord la lumière, puis le déroulement du passé, puis le retour à la lumière. J'estime que ça a pris en tout moins de cinq minutes, et probablement plus de trente secondes; mais je ne peux pas vous en dire davantage...

Le seul moment où j'ai eu vraiment peur, c'est quand j'ai cru que je n'allais pas pouvoir achever ma vie sur terre. Mais j'ai beaucoup apprécié l'évocation du passé, c'était plutôt amusant. J'ai bien aimé ce retour à mon enfance, comme si je la revivais. C'était une façon de se souvenir qui n'est jamais possible dans la vie normale.

Je dois également signaler qu'il existe des cas où cette vision rétrospective a lieu alors même que l'être de lumière ne se montre pas ; en règle générale, lorsque l'entité lumineuse ne semble pas assumer cette « mise en scène », l'expérience n'en est que plus saisissante. De toute manière, celle-ci est constamment qualifiée de vivante, de rapide, et de conforme à la réalité ; cela, indépendamment du fait que l'entité y joue ou non un rôle, indépendamment aussi de l'état du sujet, qu'il soit expressément tenu pour « cliniquement mort », ou seulement aux approches du décès.

> Après tout ce fracas, après cette longue avancée à travers l'espace noir, toutes les pensées de mon enfance et ma vie tout entière m'attendaient au bout du tunnel, comme jaillissant devant moi. Ce n'étaient pas exactement des images, je dirais plutôt des formes de pensée. Je ne sais pas comment vous l'expliquer, mais tout était là, tout se trouvait là en même temps ; je veux dire : pas une succession de tableaux scintillant l'un après l'autre, c'était une vue mentale de tout l'ensemble à la fois. Je pensais à ma mère, à mes mauvaises actions. En revoyant les sottises que j'avais faites étant enfant, je pensais à mes parents et j'aurais tant voulu ne pas avoir fait les choses que j'avais faites, j'aurais voulu revenir en arrière pour les dé-faire...

Dans les deux exemples qui suivent, bien qu'il n'ait pas été question de « mort » apparente, il y eut en fait un sérieux traumatisme physiologique :

> Tout arriva très brusquement. J'avais eu un peu de fièvre et je ne me sentais pas très bien depuis une quinzaine de jours ; mais cette nuit-là mon état s'aggrava rapidement et je me sentis de plus en plus mal. J'étais dans mon lit, et je me rappelle avoir essayé d'atteindre ma femme pour lui dire que j'étais très

malade, mais il me fut impossible de faire un mouvement. Qui plus est, je me trouvais dans une sorte de vide complètement noir, et toute ma vie se mit à défiler devant moi comme en un éclair. Cela a commencé quand j'avais six ou sept ans et je me suis souvenu d'un de mes bons camarades d'école; puis j'ai passé des petites aux grandes classes, de là à l'Institut dentaire, et enfin j'exerçais mon métier de dentiste.

Je savais que j'allais mourir, et je me souviens d'avoir pensé qu'il me fallait subvenir aux besoins de ma famille. J'étais dans l'angoisse à l'idée de mourir, en pensant à certaines fautes que je regrettais d'avoir commises dans ma vie, et à d'autres choses que je regrettais de n'avoir pas faites.

Ce retour en arrière prenait la forme d'images mentales, disons, mais c'étaient des images beaucoup plus vives qu'en temps normal. Je ne revoyais que les moments importants, mais cela passait à toute vitesse; comme si je feuilletais le livre de ma vie entière en quelques secondes. Cela se déroulait devant moi comme un film prodigieusement accéléré, tout en me permettant de tout voir et de tout comprendre. Mais les émotions n'accompagnaient pas les images, elles n'en avaient pas le temps.

Je n'ai rien vu d'autre au cours de cette expérience. Tout était noir, à part les images. Pourtant, j'ai nettement perçu près de moi une sorte de présence très puissante, et très aimante, qui ne m'a pas quitté un seul instant.

C'est vraiment très curieux. A mon réveil, j'aurais pu raconter à n'importe qui les moindres étapes de ma vie avec tous les détails, grâce à ce qui venait de m'arriver. C'est une aventure extraordinaire, mais j'ai beaucoup de peine à la traduire en mots, tant elle s'est déroulée rapidement, et cependant avec une parfaite netteté.

Un jeune soldat démobilisé décrit ainsi son retour en arrière :

Pendant mon service au Viêt-nam, j'ai reçu des blessures des suites desquelles je suis « mort ». Mais je n'ai pas un instant perdu la notion de ce qui se passait. J'ai reçu six salves de mitrailleuse, et sur le moment ça ne m'a pas troublé du tout ; j'ai plutôt senti un grand soulagement d'être blessé. Je me trouvais parfaitement bien, je n'avais pas peur.

A l'instant de l'impact, toute ma vie a commencé à défiler devant moi ; cela remontait à l'époque où j'étais tout bébé, puis les images se sont mises à progresser dans le temps. Je me rappelais tout, et tout était incroyablement vivant, parfaitement net en face de moi. Cela jaillissait à partir de mes tout premiers souvenirs et parvenait à l'heure présente, le tout en un rien de temps. Il n'y avait rien de pénible dans tout ça, j'y assistai sans regret, sans éprouver le moindre sentiment de frustration.

La meilleure comparaison qui me vienne à l'esprit serait la projection d'une série de diapositives, comme si quelqu'un se chargeait de faire défiler des photos à toute vitesse.

Enfin, voici un cas produit par une intense émotion face à un danger imminent :

Pendant l'été qui a suivi ma première année d'études supérieures, j'ai pris un emploi de routier ; j'avais à conduire un camion avec semi-remorque. Or, cet été-là, je souffrais d'une tendance à m'endormir au volant. Un matin de bonne heure, je conduisais mon camion sur un long trajet, j'avais la tête qui dodelinait. La dernière chose dont je me souvienne est d'avoir vu un panneau routier, après quoi je me suis assoupi. Immédiatement, j'ai entendu un affreux crissement ; le pneu extérieur droit venait d'éclater, et par suite du déséquilibre du poids du camion, les pneus de gauche ont éclaté aussi ; du coup, le camion s'est couché sur le côté et a continué à glisser le long de la route en pente, en direction d'un pont. J'ai eu peur, parce que je voyais que le camion allait heurter le parapet du pont.

Eh bien, durant le court laps de temps pendant lequel le camion glissait, j'ai repensé à tout ce que j'avais fait.

Je n'ai vu que les grands moments, mais comme s'ils étaient réels. Je me suis d'abord revu en train de suivre mon père marchant le long de la plage; je devais avoir deux ans. Après, il y a eu d'autres images de ma première enfance, je me suis rappelé que j'avais cassé le beau wagon rouge tout neuf qu'on m'avait donné pour Noël quand j'avais cinq ans. Et je me suis revu pleurant au moment d'aller à l'école affublé de cet horrible imperméable jaune que ma mère m'avait acheté. Je me suis souvenu d'un tas de détails de chacune de mes années de classes, j'ai revu tous mes professeurs, et les petits faits marquants de chaque année. Après ça, les études secondaires, le stage que j'ai fait dans une épicerie, et tout le reste jusqu'à l'heure présente. Tout cela, et bien d'autres choses encore, me traversaient l'esprit à toute allure. Cela n'a probablement duré qu'une fraction de seconde.

Et puis, tout a cessé et je me suis retrouvé debout, en train de regarder le camion; je me suis cru mort. Je m'imaginais que j'étais devenu un ange. Je me suis mis à me pincer pour voir si j'étais vivant, ou bien un fantôme, ou je ne sais quoi.

Du camion, il ne restait qu'une épave; quant à moi, je n'avais pas une égratignure. Je m'étais probablement dégagé en sautant par le pare-brise, dont la vitre était partie en miettes. Quand j'ai retrouvé mon calme, je n'en revenais pas de ce que les événements de ma vie qui m'avaient laissé une impression durable me soient tous repassés dans l'esprit pendant cet instant critique. Bien sûr, je pourrais très bien évoquer de nouveau toutes ces scènes, et en revoir chaque image, mais cela prendrait au moins un quart d'heure; tandis que là, tout m'était revenu automatiquement, et en moins d'une seconde. C'est incroyable.

10

FRONTIÈRE OU LIMITE

Plusieurs témoignages rapportent la façon dont certaines personnes, au cours de leur passage aux abords de la mort, ont rencontré ce que l'on pourrait appeler une frontière, ou quelque autre sorte de limite. Selon les cas, cette frontière est représentée comme une étendue d'eau, un brouillard gris, une porte, une haie dans un champ, ou une simple ligne de démarcation. Bien qu'il nous faille demeurer dans le domaine des hypothèses, on peut supposer que ces symboles divers proviennent d'une source unique; auquel cas ces expressions différentes ne seraient dues qu'à l'interprétation, à la formulation, ou au souvenir particuliers à chaque individu, à partir d'une même expérience fondamentale.

Examinons quelques-uns de ces récits où l'idée d'une frontière joue un rôle important.

> 1. J'ai succombé à un arrêt du cœur, et à cet instant je me suis brusquement trouvée dans un pré vallonné. Le paysage était très beau, et tout était d'un vert intense, d'une couleur qui ne ressemble à rien sur terre. Il y avait de la lumière tout autour de moi, une lumière

exaltante. Je regardai devant moi, à travers champs, et je vis une clôture. Tandis que je m'approchais de cette clôture, j'aperçus un homme, de l'autre côté, s'avançant vers moi comme s'il venait à ma rencontre. Je cherchai à le rejoindre, mais je me sentis irrésistiblement tirée en arrière; et pendant que je reculais je vis l'homme faire demi-tour et rebrousser chemin lui aussi, en s'éloignant de la clôture.

2. Cela m'est arrivé au moment de la naissance de mon premier enfant. J'étais enceinte depuis huit mois quand j'ai fait ce que le médecin a appelé une grave intoxication; il m'a conseillé de me faire admettre à l'hôpital, où il pourrait provoquer un accouchement prématuré. Tout de suite après la délivrance, j'ai eu une très forte hémorragie que le docteur a eu beaucoup de peine à juguler. J'étais très consciente de ce qui se passait, ayant moi-même été infirmière, et je me savais en danger. C'est alors que j'ai perdu connaissance, et j'ai commencé à percevoir un bourdonnement désagréable, comme une sonnerie. Puis je me suis vue transportée à bord d'un bateau, d'un petit navire voguant vers l'autre rive d'une grande étendue d'eau. Là-bas, de l'autre côté, j'apercevais tous ceux que j'avais aimés et qui étaient morts, — ma mère, mon père, ma sœur et d'autres. Je les voyais, je voyais leur visage, exactement comme ils avaient été sur la terre. Ils me faisaient signe de venir les rejoindre, et moi je me répétais : « Non, non, je ne suis pas prête, je ne veux pas mourir, je ne suis pas prête à partir... »

Tout cela constituait une expérience des plus étranges parce que pendant tout ce temps je n'avais pas cessé de voir les médecins et les infirmières qui me donnaient des soins, mais c'était plutôt comme si j'étais une spectatrice et non pas cette personne, ce corps, dont ils s'occupaient. J'essayais de toutes mes forces d'avertir le docteur : « Je ne vais pas mourir! » mais personne ne m'entendait. Tout, les médecins, les infirmières, la chambre de travail, le bateau, l'eau et le rivage au loin, tout cela se mélangeait étroitement, comme si les images se superposaient les unes aux autres.

Enfin, mon embarcation était sur le point d'atteindre l'autre rive quand, brusquement, elle fit demi-tour et rebroussa chemin. Je parvins à attirer l'attention du médecin, à qui je disais : « Je ne vais pas mourir », et c'est alors, je crois, que j'ai repris conscience. Le docteur m'a expliqué que je venais de faire une hémorragie consécutive à mon accouchement, que j'avais failli y rester, mais que dorénavant tout irait bien.

3. J'ai été hospitalisé à la suite d'un grave ennui au rein et je suis resté dans le coma pendant environ une semaine. Les médecins n'étaient pas sûrs de parvenir à me récupérer. Pendant la période où je suis resté sans connaissance, je me suis senti comme soulevé en l'air, comme si je n'avais plus de corps du tout. J'ai vu apparaître une grande lumière, blanche et brillante; si brillante que je ne pouvais voir au travers. Mais sa seule présence dégageait une merveilleuse impression de calme. Cela ne ressemblait à rien de connu sur terre. A l'apparition de cette lumière, des pensées et des paroles me sont venues à l'esprit : « Veux-tu mourir? » A quoi j'ai répondu que je n'en savais rien, étant donné que je ne connaissais rien de la mort. Alors, la lumière blanche m'a dit : « Franchis cette ligne, et tu sauras. » J'avais l'impression de savoir où se situait la ligne en question, bien que je ne puisse l'apercevoir. A peine l'avais-je franchie que j'éprouvai des sentiments merveilleux de paix, de sérénité, et l'effacement de tous mes soucis.

4. A la suite d'une crise cardiaque, je suis tombée dans un grand trou noir. J'avais abandonné mon corps physique et, certaine que j'allais mourir, j'ai pensé : « Mon Dieu, j'ai toujours agi du mieux que j'ai pu; je t'en prie, aide-moi. » Tout de suite, l'obscurité s'est dissipée, remplacée par une lueur gris pâle, et j'ai continué à avancer en me laissant glisser rapidement. Devant moi, au loin, il y avait un brouillard grisâtre vers lequel je me hâtais, mais il me semblait que je n'y arriverais jamais assez vite à mon gré; parvenue tout près, j'ai commencé à entrevoir qu'au-delà du brouil-

lard, il y avait des gens; leur apparence était exactement comme sur terre; et je discernais aussi quelque
chose qui ressemblait à des immeubles. Le tout était
imprégné d'une lumière splendide, d'une luminosité
d'un jaune d'or très vif, mais plus claire, pas comme la
couleur crue de l'or que nous connaissons ici-bas.

A mesure que je m'approchais encore davantage,
j'eus la certitude que j'allais traverser ce brouillard.
C'était une sensation de joie formidable; je ne peux pas
trouver de mots pour l'exprimer. Pourtant, mon heure
n'était pas encore venue, probablement, puisque tout à
coup, comme sortant de la brume, voilà que j'ai vu
surgir mon oncle Charles, mort depuis des années. Il
m'a barré le passage en disant : « Il faut t'en retourner,
tu n'as pas achevé ton ouvrage sur la terre; retourne sur
tes pas maintenant. » Je n'avais aucune envie de
repartir, mais je n'avais pas le choix : dans l'instant
même, j'avais retrouvé mon corps, avec cette douleur
affreuse dans la poitrine. Et j'entendis mon petit garçon qui pleurait en disant : « Mon Dieu, fais que
maman revienne! »

5. On m'a conduit à l'hôpital dans un état critique
avec une méchante « inflammation », à ce qu'on m'a
dit; et le docteur estimait que je ne m'en tirerais pas. Il
a convoqué les membres de ma famille, persuadé que je
n'en avais plus pour longtemps. Ils vinrent entourer
mon lit, et quand le docteur a cru que je mourais, mes
parents avaient l'air de s'éloigner de plus en plus;
c'étaient eux qui partaient, pas moi. Tout s'estompait,
mais je les voyais toujours. Puis j'ai perdu connaissance
et ne me suis plus rendu compte de rien de ce qui se
passait dans cette chambre d'hôpital. Je me trouvais
dans un couloir étroit, en forme de V, comme une auge,
à peu près de la largeur de cette chaise. Mon corps y
trouvait juste sa place, les mains et les bras collés au
long de moi. Je m'enfonçais la tête la première, et il
faisait noir, un noir d'encre. Je continuais à descendre,
et en levant les yeux j'ai vu une porte, très belle, toute
lisse et sans loquet; le long des bords de cette porte je
voyais transparaître une lumière très vive avec des

rayons mouvants, comme si les gens qui se trouvaient à l'intérieur s'amusaient beaucoup, virevoltant de-ci de-là et changeant de place ; il y avait un mouvement fou de l'autre côté. J'ai levé les yeux au ciel en murmurant : « Seigneur, me voici ! Si vous me voulez, prenez-moi. » Mais hop ! d'un seul coup il m'a renvoyé à mon corps, si vite que j'ai cru en perdre le souffle...

11

LE RETOUR

Est-il besoin de le dire, toutes les personnes que j'ai pu interroger avaient été, à un moment quelconque de leur expérience, obligées de « s'en retourner ». Je rappelle que, au cours des tout premiers moments qui suivent la mort, les sentiments les plus communément éprouvés sont un violent désir de réintégrer l'enveloppe corporelle et l'amer regret de se voir décédé ; néanmoins, dès que le mourant atteint un certain stade de son aventure, il n'a plus envie de revenir et va parfois jusqu'à opposer une résistance à ce retour au corps physique. Cette dernière attitude est surtout fréquente chez les sujets qui ont poussé l'expérience jusqu'à la rencontre avec l'être de lumière. Comme l'exprime un homme avec une singulière insistance : « *Jamais* je n'aurais voulu quitter la présence de cet être. »

Les exceptions à cette règle ne sont souvent qu'apparentes. Des femmes qui, à l'époque de leur expérience, étaient mères de très jeunes enfants m'ont dit que, malgré leur intense désir de demeurer là où elles étaient parvenues, le sentiment d'un devoir les obligeait à revivre afin de pouvoir veiller à l'éducation de ces enfants.

> Je me demandais si j'allais rester là définitivement; mais en même temps, je me suis souvenue de ma famille, de mes trois enfants, de mon mari. Je sais que c'est assez difficile à admettre : tant que j'avais ressenti cette délicieuse impression de bonheur auprès de la lumière, je n'avais vraiment aucune envie de m'en retourner. Mais je prends toujours mes responsabilités très à cœur, et je me sentais un devoir envers les miens; alors j'ai pris la décision de revenir.

Dans plusieurs autres cas, des personnes m'ont raconté que, malgré le bien-être et l'impression de sécurité ressentie pendant leur décorporation, elles avaient été très heureuses de pouvoir renouer avec la vie physique afin d'être en mesure d'achever une tâche commencée. Il s'agissait parfois de terminer des études.

> J'avais accompli trois années de collège et il m'en restait une à mener à bien. Je me répétais : « Je ne veux pas mourir maintenant. » Mais je crois bien que si cela avait duré quelques minutes de plus, si j'étais resté un peu plus longtemps au voisinage de cette lumière, je n'aurais plus pensé à mes études, je me serais laissé emporter par la nouveauté de ces expériences.

Les témoignages que j'ai réunis fournissent des représentations extrêmement variées des modalités de ce retour à la vie physique, comme aussi des causes qui l'ont provoqué. La plupart disent simplement qu'ils ne savent ni comment ni pourquoi ils sont revenus, qu'ils ne peuvent émettre que des suppositions. Quelques-uns demeurent persuadés que leur propre décision et leur volonté de revivre ont été les facteurs déterminants de leur retour.

J'étais hors de mon corps, et je me suis rendu compte qu'il fallait prendre une décision. Je me disais bien que je ne pourrais pas rester indéfiniment dans cette situation; donc — bien sûr, ce n'est pas facile à comprendre pour d'autres, mais pour moi, dans l'instant, ça me paraissait on ne peut plus clair — je savais qu'il m'incombait de décider si j'irais de l'avant ou si je réintégrerais mon corps.

Tout était merveilleux de l'autre côté, et en somme je n'aurais pas demandé mieux que d'y rester. Mais l'idée que j'avais quelque chose de bien à accomplir sur terre était aussi une pensée exaltante. Alors je me suis dit : « Oui, il faut que je reparte et que je revive », et je suis rentrée dans mon corps. J'ai même l'impression d'avoir moi-même arrêté l'hémorragie. Quoi qu'il en soit, c'est à partir de ce moment-là que j'ai commencé à aller mieux.

D'autres ont le sentiment que c'est « Dieu », ou l'être de lumière, qui les a *autorisés* à revivre, en réponse à leur requête (généralement parce que cette requête ne se donnait pas un but égoïste); ou peut-être parce que Dieu, ou l'être, comptait sur eux en vue d'une mission à mener à bien.

J'étais sur la table d'opération, et je voyais tout ce qu'on était en train de faire. Je savais que j'allais mourir, que c'était la fin. Mais je m'inquiétais de mes enfants, de savoir qui les prendrait en charge; donc, je n'étais pas prête pour le grand départ. Le Seigneur m'a permis de revivre.

Un homme se rappelle :

J'affirme que Dieu a été très bon pour moi, parce que j'étais mort et qu'il a permis aux médecins de me ranimer, dans un but précis. Ce but était, je pense, de venir en aide à ma femme : elle avait une propension à boire, et je suis sûr qu'elle n'aurait pas eu le courage de lutter sans moi. Elle va beaucoup mieux maintenant, et rien ne m'ôtera de l'idée que son amélioration est en grande partie liée à mon aventure.

Récit d'une jeune mère :

Dieu m'a renvoyée ici, mais j'ignore pourquoi. J'ai nettement ressenti Sa présence, je me sentais reconnue. Il savait qui j'étais. Mais Il n'a pas jugé bon de m'ouvrir le Ciel, je ne sais pour quelle raison. J'y ai souvent réfléchi depuis, et j'imagine que c'est à cause de mes deux enfants que j'ai à élever, ou peut-être que je n'étais pas suffisamment prête. Je continue à chercher des explications, mais je n'en vois pas d'autre.

Certains professent l'opinion que l'amour et la prière des personnes de l'entourage peuvent arracher quelqu'un à la mort, sans égard pour son propre désir.

J'ai tenu compagnie à une parente très âgée pendant sa dernière maladie, qui traînait en longueur. Je participais aux soins qui lui étaient donnés, et pendant ce temps tous les membres de la famille priaient pour elle, afin qu'elle retrouve la santé. A plusieurs reprises sa respiration s'arrêta, mais on réussissait à la ranimer. Enfin, un jour, elle m'a regardée et m'a dit : « Jeanne, je suis allée de l'autre côté, dans l'ailleurs, et c'est magnifique là-bas. Je ne demande qu'à y rester, mais ce ne sera pas possible tant que vous serez tous là à prier pour que je reste avec vous. Vos prières me retiennent ici. Je vous en supplie, ne priez plus ! » Nous avons obéi, et elle est morte peu après.

Une femme m'a dit :

Le docteur avait constaté ma mort, mais je vivais toujours ; et l'expérience que j'ai traversée ne m'apportait que de la joie, aucune sensation désagréable. En reprenant connaissance, j'ai ouvert les yeux, et ma sœur et mon mari m'ont vue; leur soulagement était bien visible, des larmes coulaient sur leurs joues; ils étaient heureux de me voir revenir à la vie. J'ai eu l'impression d'avoir été rappelée, je dirais presque *aimantée*, par la puissance de l'amour que me portaient ma sœur et mon mari. Depuis lors, j'ai toujours cru que l'on pouvait ranimer les autres par amour.

Quelques sujets se souviennent d'avoir été ramenés à la vie à travers ce même tunnel sombre qu'ils avaient parcouru au cours de la période initiale de leur expérience. Un homme relate, par exemple, que la mort l'avait conduit dans une vallée obscure; mais alors qu'il s'approchait de l'extrémité du tunnel, il entendit une voix derrière lui qui l'appelait par son nom. Il s'était vu obligé de reparcourir, en sens inverse, le même trajet.

Très peu nombreux sont ceux qui se souviennent de leur réincorporation. La plupart racontent qu'à la fin de leur aventure « ils se sont endormis », pour se réveiller ensuite dans leur corps physique.

> Je ne me rappelle pas être rentré dans mon corps. Je suis d'abord parti à la dérive, puis je me suis endormi. Et brusquement je me suis réveillé dans mon lit. Les gens qui étaient dans la pièce, je les retrouvais exactement à la place où je les avais vus pendant que j'étais sorti de mon corps.

D'autres, par contre, se souviennent d'avoir été vivement projetés vers leur corps physique, souvent dans un sursaut, lorsque leur expérience prenait fin.

> J'étais là-haut près du plafond et je les observais en train de me donner des soins. Quand ils ont posé leurs électrodes sur ma poitrine, et que mon corps fit un saut, je me vis retomber comme un poids mort; l'instant d'après, j'étais dans mon corps.

101

Et aussi :

> ... J'ai décidé que j'allais revenir, et immédiatement,
> ç'a été comme une secousse, une secousse qui me
> projetait dans mon corps; et j'ai senti exactement à ce
> moment-là que je retournais à la vie.

Dans les rares rapports où ce retour s'accompagne de
quelques détails, la réincorporation se produit, dit-on, en
passant « par la tête ».

> Mon « être » paraissait avoir une extrémité plus
> grande que l'autre; à la fin de mon accident, après que
> cette chose eut flotté comme suspendue au-dessus de ma
> tête, elle est rentrée. Quand elle était sortie, le grand
> bout était passé en premier, mais au retour ç'a été le
> contraire.

Quelqu'un raconte :

> Quand j'ai vu qu'on soulevait mon corps et qu'on le
> retirait de dessous le volant de la voiture, il y a eu
> comme un tourbillon qui m'a entraîné dans une espèce
> d'entonnoir; c'était le noir absolu à l'intérieur, et je
> glissais rapidement en direction de mon corps. J'étais
> comme aspiré, et le point de départ de l'aspiration était
> dans ma tête, comme si je rentrais par la tête. On ne me
> demandait pas mon avis, il n'était même pas question
> que je puisse en avoir un... L'instant d'avant, je me
> trouvai à plusieurs mètres de mon corps, et d'un seul
> coup c'était fini. Je n'ai pas eu le temps nécessaire de
> me dire : « Je suis aspiré vers mon corps... »

Constatation unanime : les réactions psychologiques
et les sentiments associés à ces expériences persévèrent
quelque temps après que la crise a été médicalement
résolue :

1. Revenue à moi, je n'ai pas arrêté de pleurer pendant toute une semaine parce qu'il me fallait continuer à vivre dans ce monde-ci après avoir entrevu l'autre. Je ne voulais pas revivre.

2. En revenant à moi, j'avais conservé certaines des sensations délicieuses que j'avais éprouvées de l'autre côté ; cela a duré plusieurs jours. Maintenant encore, il m'arrive de les ressentir.

3. C'était une sensation indescriptible ; elle ne m'a pas quitté, en quelque sorte. J'y pense encore très souvent.

12

LE PROBLÈME DU TÉMOIGNAGE

Il convient d'insister sur le fait que quiconque a passé par une expérience de cet ordre ne peut concevoir le moindre doute quant à sa réalité et à son importance. Les confidences que j'ai reçues sont généralement parsemées de remarques précises à ce sujet. Par exemple :

> Pendant que j'étais sorti de mon corps, j'étais littéralement stupéfait de ce qui m'arrivait ; je n'y comprenais rien. Mais c'était *réel*. Je voyais mon corps si distinctement, et de si loin ! Je n'étais pas du tout dans l'état d'esprit de quelqu'un qui s'attend à voir arriver des choses extraordinaires, ou qui ferait travailler son imagination. Je ne me fabriquais pas des idées. Ce n'était pas du tout mon état d'esprit à cet instant-là.

Et :

> Cela n'avait rien d'une hallucination. Il m'est arrivé d'avoir des hallucinations un jour où on m'avait administré de la codéine à l'hôpital ; mais cela avait eu lieu longtemps avant l'accident qui m'a pratiquement

tué. Et ce que je vous décris maintenant n'avait rien à voir avec ces hallucinations, absolument rien.

De telles remarques proviennent de gens qui sont tout à fait capables de distinguer un rêve ou un phantasme de la réalité. Les témoignages que j'ai recueillis proviennent de personnes sérieuses et bien équilibrées. Or, elles ne relatent pas leurs expériences comme elles l'eussent fait d'un rêve, mais bien comme on retrace des faits réels qui ont effectivement eu lieu.

Pourtant, malgré leur propre certitude touchant la réalité et l'importance de leur aventure, ces personnes se rendent bien compte que notre société contemporaine n'est pas un milieu particulièrement disposé à accueillir des récits de cette nature avec indulgence et compréhension. De fait, plusieurs d'entre elles ont pris soin de noter qu'elles s'étaient rendu compte dès le début que, si elles avaient entrepris de narrer de telles péripéties, leurs interlocuteurs auraient eu vite fait de les taxer d'instabilité mentale. En sorte qu'elles ont résolu de garder le silence à ce sujet, ou tout au moins de ne s'en confier qu'à des intimes.

Tout ça m'a paru très intéressant; seulement, je n'aime pas en parler à d'autres : les gens vous regardent tout de suite comme si vous étiez fou.

Autre version :

Je n'en ai parlé à personne pendant très, très longtemps. Je n'ai rien voulu dire à qui que ce soit, ça me faisait tout drôle. J'avais bien trop peur que personne ne veuille croire que je disais la vérité, et qu'on me réponde : « Allons, allons, tout ça, c'est des imaginations. »
Un jour, j'ai pris une décision : je voulais voir

comment ma famille allait réagir. J'ai tout raconté, mais jamais à personne d'autre jusqu'à présent. J'ai l'impression que ma famille a accepté de croire que j'avais réellement été jusque-là.

D'autres ont voulu se confier à quelqu'un sans attendre; mais ils n'ont provoqué que des haussements d'épaules, si bien qu'ils ont dû prendre la résolution de se taire :

1. La seule personne à qui j'ai essayé d'en parler a été ma mère; au bout d'un certain temps, je lui ai raconté ce que j'avais ressenti. Mais je n'étais qu'un petit garçon et elle n'y a prêté aucune attention. Alors je n'en ai plus jamais parlé à personne.

2. J'ai voulu tout raconter à mon confesseur. Mais il m'a répondu que j'avais eu des hallucinations. Du coup, je n'ai plus rien dit.

3. ... Lorsque cela m'est arrivé et que j'ai essayé d'en parler à mes camarades de collège, j'ai été automatiquement cataloguée comme folle. Je racontais mon histoire, on m'écoutait d'un air intéressé, et puis je découvrais un peu plus tard qu'on disait de moi : « La pauvre, elle déraille complètement! » Quand je me suis aperçue qu'on se payait ma tête, j'ai renoncé à communiquer. D'ailleurs mon but n'était pas de me faire valoir en clamant : « Ah! comme c'est étrange, ce qui m'est arrivé! » Non, ce que je tentais de faire passer, c'est que nous avons encore plus de choses à apprendre de la vie que je ne l'aurais jamais supposé; et je suis bien sûre qu'ils n'y auraient jamais pensé, eux non plus.

4. A mon réveil, j'ai voulu tout raconter aux infirmières, mais elles m'ont conseillé de n'en parler à personne; tout ça n'était que de l'imagination.

Ainsi donc, pour emprunter les propres termes d'un témoin :

On découvre très vite que les gens ne se laissent pas prendre à ce genre de choses aussi facilement qu'on le souhaiterait. On ne s'élance pas comme un diable d'une boîte pour se confier au premier venu.

Remarque assez intéressante : parmi tous les cas qui m'ont été présentés, il n'est fait mention qu'une seule et unique fois d'un médecin paraissant posséder une certaine connaissance des phénomènes qui entourent l'approche de la mort, et manifestant quelque bienveillance à cet égard. Une jeune fille qui avait fait l'expérience du dédoublement, raconte :

> Mes parents et moi avons demandé au docteur ce qu'il pensait de ce qui m'était arrivé ; il nous a répondu que cela se produisait fréquemment en cas de très forte douleur ou de blessure grave : l'âme se détache du corps.

Par suite du scepticisme et de l'incompréhension auxquels se heurtent les gens qui tentent de faire part de leur expérience de « mort temporaire », on ne s'étonnera pas si presque tous ceux qui se sont trouvés dans cette situation s'imaginent qu'ils constituent un cas unique, et que personne d'autre n'a jamais éprouvé ce par quoi ils sont passés. L'un d'entre eux, par exemple, m'a dit : « Je suis allé là où personne n'était jamais allé. »

C'est pourquoi, à la fin de l'interview au cours de laquelle un sujet vient de me livrer son récit détaillé, lorsque j'en arrive à lui dire que d'autres ont déjà rapporté les mêmes faits et décrit les mêmes perceptions, j'ai souvent pu constater que cette révélation apporte à l'intéressé un profond soulagement.

> C'est vraiment très important de découvrir que d'autres ont eu la même expérience, parce que je ne m'en rendais pas compte (...). Je suis franchement

heureux de l'apprendre et de pouvoir me dire que d'autres ont passé par là eux aussi; maintenant, au moins, je *sais* que je ne suis pas fou.

J'avais toujours considéré cela comme tout à fait réel, mais je préférais ne pas en parler, par crainte qu'on ne me regarde en pensant : « Celui-là, quand il a perdu connaissance, il a également perdu l'esprit ! »

J'avais beau me dire que d'autres devaient avoir vécu la même expérience, il y avait peu de chance pour que je puisse tomber sur quelqu'un qui aurait entendu parler d'un cas semblable; ce sont des choses dont on ne va pas se vanter. Si cela ne m'était pas arrivé à moi-même et que quelqu'un d'autre soit venu me raconter cette histoire, je me serais probablement demandé quel genre de blague on voulait me faire. Le monde d'aujourd'hui est comme ça.

Les réticences de ceux qui hésitent à confier leur expérience proviennent également d'autres motifs : certains ont tellement conscience du caractère indescriptible de leur aventure, qui transcende à la fois le langage et tous les modes de perception humains, qu'il leur semble parfaitement vain d'essayer de l'exprimer.

13

RÉPERCUSSIONS
SUR LA CONDUITE DE LA VIE

Pour toutes les raisons que je viens de mentionner, personne, pour autant que je sache, ne s'est fabriqué un lutrin portatif pour s'en aller prêcher à plein temps sur les places publiques la leçon à tirer de son expérience. Personne n'a jugé utile de faire du prosélytisme, ni même d'essayer de convaincre autrui des réalités rencontrées. En fait, ce que j'ai pu observer est tout le contraire : la plupart des gens se montrent par nature extrêmement réticents dès qu'il s'agit de rendre compte de ce qu'il leur est advenu.

Les répercussions de leur expérience sur la conduite de leur vie ont généralement assumé des formes plus calmes, plus subtiles. Beaucoup m'ont assuré qu'à la suite de ces événements leur vie avait gagné en profondeur et en largeur de vues ; ils se sont mis depuis lors à réfléchir et à s'interroger davantage sur des problèmes philosophiques fondamentaux.

En ce temps-là — je n'avais pas encore entamé mes études supérieures — j'avais grandi dans une toute petite ville parmi des gens assez étroits d'esprit ;

d'ailleurs, je n'étais pas très différente d'eux. J'étais le type de la chipie en plein âge ingrat, un rien snob par-dessus le marché.

Mais après ce qui m'est arrivé, j'ai commencé à avoir envie d'en savoir plus long. Pourtant, à cette époque, je n'imaginais pas qu'il puisse y avoir des gens ayant des connaissances là-dessus; je n'étais jamais sortie de mon petit monde clos. Je n'avais aucune notion de psychologie ni de quoi que ce soit de ce genre. Tout ce que je savais, c'est que, à la suite de cette affaire, j'avais brusquement mûri; un monde tout nouveau pour moi venait de s'ouvrir, dont je ne savais même pas qu'il pût exister. Je me répétais sans arrêt : « Il y a donc tant de choses à découvrir encore! » En d'autres termes, la vie ne se borne pas au cinéma du vendredi soir et aux matches de football; il y a, dans ma propre vie, beaucoup plus que ce que j'en connais moi-même. Et j'ai commencé à me poser des questions sur les limites de l'humain et de la conscience. Tout un univers inconnu s'offrait à mes recherches.

Autre déclaration :

Depuis lors, je n'ai plus cessé de m'interroger sur ce que j'ai fait de ma vie, sur ce que je vais faire de ma vie. Ma vie passée — je n'ai pas à m'en plaindre; je ne crois pas que le monde me doive grand-chose puisque j'ai vraiment pu faire ce que je voulais, et comme je le voulais, et que je suis toujours en vie, et que je peux faire encore davantage. Mais depuis ma « mort », à la suite de mon expérience, j'ai brusquement commencé à me demander si ce que j'ai fait, je l'ai fait parce que c'était *bien*, ou seulement parce que c'était bon pour *moi*. Auparavant, j'agissais sous le coup d'impulsions; maintenant je réfléchis d'abord aux choses, calmement, lentement. Il faut que tout passe d'abord par ma conscience et soit bien digéré d'abord.

Je m'efforce de faire en sorte que mes actes prennent un sens, et mon âme et ma conscience ne s'en portent que mieux. J'essaye d'éviter les préjugés, de ne jamais porter de jugements sur les autres. Je cherche à faire ce qui est bien, parce que c'est bien et non parce que c'est bon pour moi. Et il me semble que ma compréhension des choses s'est infiniment améliorée. Je ressens tout cela à cause de ce qui m'est arrivé, à cause des lieux que j'ai visités et de tout ce que j'y ai vu.

D'autres font état d'un changement d'attitude envers la vie physique qui leur a été rendue. Une femme, par exemple, dit très simplement : « La vie m'est devenue bien plus précieuse depuis lors. »
Un autre sujet précise :

> Ce fut une vraie bénédiction. Car avant ma crise cardiaque j'étais perpétuellement centré sur les projets d'avenir de mes enfants, et obnubilé par le passé; si bien que je me gâchais toutes les joies du présent. Maintenant, j'ai complètement changé d'attitude.

Certains attestent que leur expérience a profondément modifié leur manière de concevoir l'importance relative du corps physique par rapport à l'esprit. C'est ce qui ressort de façon particulièrement significative des expressions utilisées par cette femme, qui s'était vue séparée de son corps tandis qu'elle allait « mourir » :

> A partir de ce moment, j'ai été plus consciente de posséder un esprit que je ne l'avais été d'avoir un corps physique. C'est l'esprit qui est devenu pour moi la partie la plus essentielle de moi-même, au lieu de la forme de mon corps. Auparavant, toute ma vie, cela avait été le contraire : je portais toute mon attention sur mon corps; quant à ce qui se passait dans ma pensée, eh bien, cela allait de soi, sans plus. Maintenant, c'est mon esprit qui se situe au centre de mes préoccupations, tandis que mon corps a pris la seconde place, celle d'un véhicule pour la pensée. Je ne me suis plus souciée d'avoir ou de ne pas avoir de corps : cela

n'a plus présenté d'intérêt dès lors que, à l'égard de toutes choses, c'était mon esprit qui importait le plus.

Dans un très petit nombre de cas, certains m'ont affirmé qu'à la suite de l'expérience il leur semblait avoir acquis, ou simplement remarqué en eux-mêmes, des facultés d'intuition voisines de la médiumnité.

1. A la suite de ces événements, j'ai presque eu l'impression d'être remplie d'un esprit nouveau. Depuis lors, on m'a souvent fait remarquer que je produisais un effet calmant sur les gens, agissant de façon immédiate lorsqu'ils se sentent soucieux. Et je me sens mieux accordée avec l'entourage, il me semble que j'arrive à deviner les gens beaucoup plus vite qu'avant.

2. Un don que je crois avoir reçu à la suite de ma « mort » est que j'arrive à deviner les besoins des autres ; souvent, par exemple, quand je me trouve avec d'autres personnes dans l'ascenseur de l'immeuble où je travaille, j'ai presque le sentiment de pouvoir lire leurs pensées sur leur visage, je sens qu'ils ont besoin d'aide, et quelle sorte d'aide. Il m'est souvent arrivé de parler à des gens dans ces conditions, et de les emmener avec moi dans mon bureau afin de leur proposer mes conseils.

3. Depuis mon accident, j'ai souvent l'impression de déchiffrer les pensées et les vibrations qui émanent des gens ; je perçois aussi leurs ressentiments. J'ai souvent été capable de savoir d'avance ce que les gens vont dire avant qu'ils n'ouvrent la bouche. On aura du mal à me croire, mais il m'est arrivé des choses bizarres, très bizarres, depuis lors. Un soir, chez des amis, je devinais les pensées des invités, et quelques personnes qui étaient là et qui ne me connaissaient pas se sont levées pour partir ; elles m'avaient pris pour un sorcier, je leur avais fait peur. Je ne sais pas du tout si c'est quelque chose qui m'a été donné pendant que j'étais mort, ou si je possédais déjà ce don sans le savoir et ne m'en étais jamais servi jusqu'à ces événements.

Une unanimité remarquable se manifeste quant aux « leçons », si je puis dire, rapportées de ces voyages aux abords de la mort. Presque tous les témoignages mettent l'accent sur l'importance, en cette vie, de l'amour du prochain, un amour d'une qualité unique et profonde. Un homme, à sa rencontre avec l'être de lumière, s'est senti totalement aimé et accepté, alors même que toute sa vie se déroulait en un panorama destiné à être vu de l'entité. Il lui semblait que la « question » posée par celle-ci équivalait à lui demander s'il se sentait capable d'aimer les autres avec la même intensité. Il pense maintenant que sa mission sur terre consiste à s'efforcer d'apprendre à aimer ainsi.

En outre, bien d'autres insistent sur l'importance de la recherche de la connaissance. Pendant leur expérience, il leur a été suggéré que l'acquisition de la connaissance se poursuit même dans l'après-vie. Une femme, entre autres, à la suite de sa « mort », n'a plus laissé échapper la moindre occasion de s'instruire. Un homme transmet ce conseil : « Quel que soit votre âge, continuez à apprendre ; car c'est, je crois bien, une activité qui ne cesse jamais, même dans l'éternité. »

Pas un seul de ceux que j'ai interrogés n'a prétendu sortir de l'expérience « purifié » ou amélioré. Pas un seul de mes interlocuteurs n'a fait montre d'une attitude du style « je-suis-plus-saint-que-toi ». En fait, la plupart ont spécifié qu'ils se sentent comme en travail, en recherche. Leur vision leur a assigné de nouveaux buts à poursuivre, de nouveaux préceptes moraux, et a renforcé leur détermination à modeler leur vie en accord avec ceux-ci ; mais en aucun cas elle ne leur a inspiré l'idée d'un salut instantané ou d'une infaillibilité morale.

14

NOUVELLES PERSPECTIVES
SUR LA MORT

Comme on peut aisément s'y attendre, cette expérience affecte profondément les idées que l'on a pu se forger sur la mort physique, et singulièrement dans le cas de ceux qui ne s'attendaient nullement à ce que la mort comporte une suite quelconque. Que ce soit sous une forme ou sous une autre, pratiquement tous les sujets m'ont donné à entendre qu'ils n'avaient désormais plus aucune peur de la mort. Toutefois, quelques précisions sont ici nécessaires. D'abord, certaines façons de mourir sont, de toute évidence, absolument indésirables; et ensuite, aucune de ces personnes ne recherche activement la mort. Ils sont tous convaincus qu'il ont des tâches à remplir aussi longtemps qu'ils seront physiquement vivants, et contresigneraient les paroles de cet homme qui m'a dit : « Il va falloir que je change beaucoup de choses avant de m'en aller d'ici. » De même, ils seraient tous prêts à condamner le suicide en tant que méthode visant à retrouver les lieux qu'ils ont entrevus pendant leur « voyage ». Citons quelques passages où ces diverses attitudes sont expliquées :

1. Je crois bien que cette expérience a introduit un élément nouveau dans ma vie. Je n'étais qu'un enfant quand cela m'est arrivé, j'avais à peine dix ans; mais depuis, et durant toute ma vie, j'ai gardé la conviction que la vie continue après la mort; cela ne fait pas l'ombre d'un doute pour moi, et je n'ai pas peur de mourir. Pas une seconde. J'ai vu des gens qui ont cette peur, cette terreur. J'ai toujours envie de sourire quand j'entends des gens douter qu'il y ait un au-delà, ou décréter : « Après la mort, il n'y a rien. » Je pense alors intérieurement : « Ils ne savent pas. »

J'ai connu pas mal d'épreuves dans ma vie. Il m'est arrivé, dans mon travail, d'avoir le canon d'un revolver braqué sur moi et appuyé sur ma tempe; je n'en ai pas été très effrayé parce que je pensais : « Bon, si je meurs, s'ils me tuent vraiment, je sais que je continuerai à vivre quelque part ailleurs. »

2. Quand j'étais petit, j'avais peur de la mort. La nuit, je me réveillais en larmes, je piquais des crises. Mon père et ma mère se précipitaient dans ma chambre et me demandaient ce que j'avais. Je leur répondais que je ne voulais pas mourir, mais que je savais bien que c'était obligatoire; et je leur demandais s'ils connaissaient un moyen d'empêcher ça. Alors ma mère me parlait, elle disait : « Non, c'est comme ça, et nous devons tous nous faire à cette idée. » Elle ajoutait que tous nous nous trouverions un jour seuls devant la mort, et que, le moment venu, tout se passerait très bien. Et quelques années après la mort de ma mère, il m'arrivait encore d'en parler avec ma femme. Je continuais à avoir peur, je ne voulais pas mourir.

Mais depuis cette expérience, je ne crains plus la mort. Ces appréhensions se sont évanouies. Je n'éprouve plus de malaise quand j'assiste à un enterrement; j'y trouve une sorte de sérénité joyeuse, parce que je sais ce qui est arrivé au défunt.

Je crois que Dieu m'a peut-être envoyé cette expérience à cause de mes mauvaises réactions en face de la mort. Bien sûr, mes parents avaient contribué à me rassurer, mais Dieu m'a permis de *voir* ce qu'ils ne pouvaient pas me montrer. A présent, je ne parle plus de tout cela; mais je suis prévenu et cela me suffit.

3. Maintenant, je ne crains plus la mort. Je ne la souhaite pas non plus, et je n'ai pas la moindre envie de mourir tout de suite. Je ne tiens pas à m'en aller dans l'au-delà tant que je suis censé demeurer ici. La raison pour laquelle je ne crains plus la mort, c'est que je sais désormais où je m'en irai quand je partirai d'ici : j'y ai déjà été.

4. Ce que l'être de lumière m'a dit en dernier avant que je ne retourne à mon corps, et à la vie, c'était — ou plutôt cela signifiait à peu près : « Je reviendrai. » Il m'a fait comprendre que, pour cette fois, j'allais continuer à vivre, mais qu'un jour arriverait où il se mettrait de nouveau en rapport avec moi, et qu'alors je mourrais pour de bon.

Je sais donc que l'être de lumière reviendra, avec cette voix, mais pour ce qui est de la date, je n'en ai aucune idée. Je pense que je repasserai par une expérience semblable, mais j'imagine qu'elle se trouvera plutôt améliorée du fait que je suis maintenant prévenu de ce qui m'attend et que j'en serai moins désorienté que la première fois. Je ne suis pourtant pas du tout pressé de m'en aller là-bas; j'estime qu'il me reste beaucoup à faire de ce côté-ci.

Ce qui contribue à effacer la crainte de la mort, à en juger par ces extraits, c'est qu'à la suite de son épreuve le sujet n'entretient plus aucun doute sur la survie après la mort corporelle. Il ne s'agit plus pour lui d'une possibilité abstraite, c'est devenu un fait d'expérience.

On se souviendra qu'au début de ce livre j'ai évoqué l'hypothèse de l' « annihilation », qu'illustrent les comparaisons avec le sommeil et l'oubli. Ceux qui ont connu la « mort » s'insurgent contre de telles images et choisissent, pour figurer cet événement, des analogies évoquant la transition entre un état et un autre état; ou encore l'accession à un degré de conscience supérieur, à un supplément d'être. Une femme qui, lors de son décès temporaire, eut le bonheur de voir ses parents défunts venir à sa rencontre, compare la mort à un « retour au pays ». D'autres l'ont assimilée à d'autres états psychologiquement favorables, tels un « réveil », une « promotion », et une « sortie de prison ».

1. On dit parfois que nous évitons de prononcer le mot « mort » parce que nous tentons d'y échapper. Ce n'est pas mon cas. Lorsqu'on a fait l'expérience que j'ai faite, on conserve la certitude que la mort n'existe pas. On passe simplement d'un état au suivant, comme dans les études, lorsque l'on passe d'une classe à la classe supérieure.

2. La vie ressemble à un confinement. Nous ne pouvons pas comprendre, dans notre état actuel, à quel point notre corps est pour nous une prison. La mort procure une telle délivrance — c'est comme si on s'évadait ; je ne trouve pas de meilleure comparaison.

Ceux-là même qui, par suite de leur adhésion à une foi traditionnelle, s'étaient forgé quelque idée sur la nature de l'autre monde, paraissent avoir modifié leurs convictions après avoir effleuré la mort. De tous les témoignages que j'ai rassemblés, aucun ne peint un tableau inspiré de la mythologie courante quant à ce qui se passe dans l'au-delà. Personne n'a décrit un paradis de bande dessinée avec portes en pierres précieuses, rues pavées d'or, anges ailés jouant de la harpe, et pas davantage un enfer de flammes peuplé de démons armés de fourches.

Ainsi, dans la plupart des cas, la notion de récompense-châtiment dans l'après-vie se trouve abandonnée, voire démentie, même par ceux qui avaient auparavant l'habitude de concevoir les choses sous cet angle. Ils se sont aperçu, à leur profonde surprise, que lorsque leurs actes apparemment les plus blâmables et les plus peccamineux étaient manifestés devant l'être de lumière, celui-ci ne réagissait pas par la colère et l'indignation, mais au contraire par la compréhension, parfois même par l'humour. Alors qu'une femme passait toute sa vie en revue avec l'entité, elle avait revu des scènes au cours desquelles elle avait manqué d'amour et montré de l'égoïsme ; malgré cela, dit-elle, « son attitude, en face de ces évocations, a consisté à me montrer que même en ces circonstances-là j'avais appris quelque chose ».

Renonçant à leurs anciennes figurations, beaucoup sont revenus nantis de conceptions différentes et de vues nouvelles sur l'autre monde : vision excluant l'idée d'un jugement unilatéral au profit d'une collaboration efficace, se donnant comme fin dernière l'accomplissement de la personnalité. Dans cette optique renouvelée, l'évolution de l'âme, pour ce qui concerne particulièrement l'amour et la connaissance, ne prend pas fin avec la mort ; elle se prolonge dans l'au-delà, éternellement peut-être, mais à coup sûr au long d'une certaine durée, et atteint à une profondeur dont nous autres, vivant dans notre corps physique, ne pouvons nous faire qu'une idée furtive, obscurément et « comme dans un miroir ».

15

CONFIRMATIONS

La question qui se pose alors tout naturellement est celle-ci : est-il possible d'acquérir des preuves formelles de la réalité de ces expériences, indépendamment des descriptions fournies par les sujets ? Nombreux sont ceux qui affirment être demeurés séparés de leur corps pendant des périodes assez longues, et avoir assisté durant cet intervalle à des événements précis qui se déroulaient dans le monde physique. Ne pourrait-on pas confronter ces récits avec ceux d'autres témoins dont on sait qu'ils étaient présents sur les lieux de la scène, ou bien avec d'autres faits ultérieurs venant les corroborer, afin d'en obtenir la confirmation ?

Dans un nombre appréciable de cas, pour surprenant que cela puisse paraître, la réponse à cette question est : oui. Qui plus est, la relation des faits observés durant la décorporation supporte fort bien cette mise à l'épreuve. Plusieurs médecins, par exemple, m'ont dit leur stupéfaction lorsque des malades dépourvus de connaissances médicales se révélaient capables de décrire minutieusement, et correctement, les procédés utilisés au cours des

tentatives de réanimation, alors même que ces tentatives avaient eu lieu durant l'espace de temps où les
spécialistes avaient constaté la « mort » du patient.

En plusieurs occurrences, des personnes m'ont raconté
comment elles avaient étonné les médecins et d'autres
assistants en leur rapportant des faits qu'ils avaient
observés au cours de leur séjour hors de leur corps. Une
jeune fille, entre autres, se trouvant à l'article de la
mort, quitta son corps et s'en alla ainsi dans une pièce
voisine où elle trouva sa sœur aînée en larmes et
répétant : « Oh! Kathy, je t'en prie, ne meurs pas! Je
t'en prie, ne meurs pas! » La sœur en question demeura
bouche bée lorsque, plus tard, Kathy lui dit exactement
où elle se trouvait à ce moment-là et lui rapporta
fidèlement les paroles qu'elle avait prononcées. Dans les
deux passages qui suivent, on trouvera d'autres faits
semblables :

1. Quand tout a été terminé, le docteur m'a dit que
j'avais été au plus mal; et je lui ai répondu : « Oui, je
sais. » Il m'a demandé : « Comment le savez-vous? » Je
lui ai répondu : « Je peux vous raconter tout ce qui s'est
passé. » Il ne voulait pas me croire, alors je lui ai retracé
toute l'affaire, à partir du moment où j'ai cessé de
respirer jusqu'à ce que j'aie commencé à reprendre
connaissance. Il était tout estomaqué de s'apercevoir
que je savais tout cela; il n'a rien trouvé à me dire, mais
il est revenu plusieurs fois m'interroger à ce propos.

2. A mon réveil après l'accident, mon père était près
de moi; mais je n'avais même pas envie de me
renseigner sur mon état, ni de savoir comment j'allais,
ni ce que les médecins prévoyaient pour la suite. Je
n'avais qu'une idée, raconter immédiatement l'expérience par laquelle je venais de passer. J'ai dit à mon
père quel était celui qui avait traîné mon corps en
dehors de l'immeuble, et même de quelle couleur étaient

ses vêtements, comment on m'a tiré de là, et tout ce qui s'était dit autour de moi. Et mon père a reconnu : « Oui, tout cela est exact. » Pourtant, mon corps était parfaitement sans connaissance pendant tout ce temps, et il était impossible que j'aie pu voir et entendre tout ça si je n'étais pas sorti de mon corps.

Enfin, dans quelques cas, j'ai été en mesure d'obtenir des témoignages indépendants, provenant d'autres personnes, qui corroborent les faits. Cependant, tout en soulignant la valeur probante de tels témoignages, je. vois surgir à leur propos quelques complications. Premièrement, les concordances dont je parle ne sont, la plupart du temps, attestées que par le mourant lui-même ou, au maximum, par deux ou trois de ses proches. En second lieu, même dans les circonstances les plus spectaculaires et les mieux attestées que j'ai pu recueillir, j'ai dû promettre de ne révéler aucun nom. D'ailleurs, à supposer que j'en eusse le droit, je ne crois pas que ces faits concordants, rapportés après l'événement, soient de nature à constituer des *preuves*, et cela pour des motifs que je compte exposer au cours de mon dernier chapitre.

Nous voici parvenus à la fin de notre survol révélant les différentes étapes de l'expérience de la mort temporaire, telles qu'elles m'ont été communément rapportées. Toutefois, avant de clore ce chapitre, je tiens à citer plus longuement un témoignage assez exceptionnel, dans lequel on retrouve beaucoup d'éléments déjà décrits ; il comporte, en plus, un détail qui ne se rencontre nulle part ailleurs et qui constitue une entorse à la règle générale : ici, l'être de lumière annonce d'avance à l'intéressé qu'il est sur le point de mourir, et décide cependant, par la suite, de le laisser revivre.

A cette époque-là, je souffrais — et je souffre toujours, d'ailleurs — de sévères crises d'asthme bronchique et d'emphysème. Un jour, j'ai été pris d'une forte quinte de toux qui a provoqué une lésion dans une vertèbre du bas de ma colonne vertébrale. Pendant plusieurs mois, j'ai consulté médecin sur médecin à cause de cette douleur intolérable, jusqu'à ce que l'un d'entre eux me dirige vers un neurochirurgien, le Dr Wyatt. Celui-ci m'examina et m'ordonna de me faire immédiatement admettre à l'hôpital. J'obtempérai aussitôt, et l'on me mit en extension sans plus attendre.

Sachant que j'avais enduré de sérieuses difficultés respiratoires, le Dr Wyatt tint à consulter un spécialiste des bronches, lequel répondit qu'il convenait de faire appel à un anesthésiste particulièrement compétent, le Dr Coleman, au cas où il serait nécessaire de m'endormir. Le spécialiste des bronches me prodigua des soins pendant près de trois semaines, puis il me conduisit dans un établissement où le Dr Coleman pourrait me prendre en charge personnellement ; il y consentit enfin un certain lundi, bien qu'il considérât mon cas comme très préoccupant. On fixa l'opération pour le vendredi suivant.

Le lundi soir, j'allai me coucher et passai une très bonne nuit jusqu'à l'aube du mardi matin, où je m'éveillai en proie à une douleur aiguë. Je tentai de me retourner afin de trouver une position plus confortable, mais juste à cet instant je vis une lumière apparaître dans le coin de la pièce, un peu au-dessous du plafond. C'était une boule lumineuse, une sorte de globe, pas très grand ; je l'estimerais à vingt ou trente centimètres de diamètre, pas plus. Quand j'aperçus cette lumière, je fus envahi d'un sentiment bizarre ; ce n'était pas de la crainte, non, pas du tout ; c'était une sensation de paix totale, de complète décontraction. Je vis une main tendue vers moi, comme sortant de cette lumière ; et la lumière me dit : « Viens avec moi : j'ai quelque chose à te montrer. » Aussitôt, et sans la moindre hésitation, j'ai à mon tour tendu la main pour saisir cette main que je voyais ; ce faisant, j'avais l'impression d'être tiré vers le haut et de quitter mon corps. Je regardai derrière moi et vis mon corps étendu sur le lit pendant que je m'élevais vers le plafond de la chambre.

En quittant mon corps, j'avais pris la même forme que la lumière. J'eus l'idée — et là, je suis bien obligé d'employer les mots qui me viennent, n'ayant jamais entendu personne exprimer ce genre de chose — que cette forme était sans doute celle d'un esprit. Ce n'était pas un corps : rien qu'un léger brouillard, une vapeur. Cela ressemblait à ces nuages que produit la fumée des cigarettes lorsqu'ils s'éclairent en passant auprès d'une lampe. Toutefois, cette substance, qui était devenue la mienne, était colorée ; il y avait de l'orange, du jaune, et une autre teinte que je distinguais mal — peut-être de l'indigo, une couleur bleutée.

Cette substance spirituelle n'avait pas la structure d'un corps ; elle était plus ou moins sphérique, tout en possédant ce qu'on pourrait appeler une main. Je m'en suis rendu compte parce que, quand la lumière, de là-haut, m'a tendu sa main, c'est avec ma main que je m'en suis saisi. Et pourtant le bras et la main de mon corps n'avaient pas bougé, je les voyais allongés le long de mon corps sur le lit pendant que je montais vers la lumière. Mais dans les moments où je n'utilisais pas ma main spirituelle, mon esprit reprenait sa forme ronde.

Donc, je m'élevais, dans une position semblable à celle de la boule lumineuse ; nous sommes passés à travers le plafond et le mur de ma chambre d'hôpital, jusque dans le couloir ; puis nous avons longé ce couloir, traversé le plancher, à ce qu'il semble, en descendant de plus en plus bas jusqu'à un étage inférieur du bâtiment. Les murs et les portes se laissaient facilement franchir, ils s'évanouissaient dès que nous nous en approchions.

Pendant tout ce temps, j'avais l'impression de voguer à travers l'espace. Je sentais que nous nous déplacions, mais sans éprouver la moindre sensation de vitesse. Et voilà que tout à coup, de façon presque instantanée, j'ai constaté que nous venions de parvenir dans la salle de réanimation de l'hôpital. Notez bien que je n'avais pas jusque-là la moindre idée de l'emplacement de cette salle ; mais nous y étions arrivés et à nouveau nous occupions un angle de la pièce, tout près du plafond, dominant tout. J'observais les allées et venues des médecins et des infirmières, vêtus de leur tenue verte, et je voyais les lits disposés tout autour.

La lumière me désigna ce spectacle et me dit : « Voici le lieu où tu ne tarderas pas à être transporté. Quand ils te retireront de la table d'opération, ils t'allongeront sur ce lit, mais tu ne te réveilleras plus jamais de cette position. Tu ne sauras rien de ce qui se sera passé après que tu auras pénétré dans la salle d'opération, jusqu'à ce que je vienne te chercher, d'ici peu de temps. » Bien sûr, tout cela n'était pas exprimé verbalement ; il ne s'agissait pas d'une voix audible, car s'il en avait été ainsi, j'aurais trouvé normal que tous ceux qui étaient dans la salle perçoivent cette voix ; or ils n'entendaient rien. C'était plutôt une suggestion qui s'imposait à moi, mais avec tant de force que je mentirais en disant que je ne l'ai pas entendue, ou tout au moins ressentie.

Quant à ce que je voyais, en cet état spirituel — je n'éprouvais pas la moindre difficulté à distinguer le détail de chaque objet. Je n'avais pas à me poser de questions sur les intentions de celui qui tentait de me montrer quelque chose, car je saisissais aussitôt ce que l'être lumineux se proposait de me faire voir ; il n'y avait pas à s'y tromper. C'était bien *ce lit-là* — le premier à droite en entrant par la porte du couloir — sur lequel j'allais être allongé. Et si l'être m'avait conduit jusque dans ce lieu, il y avait à cela une raison bien définie, qui me fut alors révélée : je sus que l'être ne voulait pas que je prenne peur au moment où mon esprit quitterait mon corps, il voulait me faire reconnaître ce que j'éprouverais à l'instant du passage. Il voulait me rassurer, effacer toute crainte, parce que — expliquait-il — il ne m'apparaîtrait pas immédiatement ; il fallait que je passe d'abord par d'autres épreuves. Mais il me promettait de tout surveiller d'en haut, et se présenterait à moi tout à fait à la fin.

Je dois préciser que, tout de suite après avoir rejoint

l'être de lumière, avant le transfert à la salle de réanimation, dès que je fus moi-même devenu esprit, nous avons en quelque sorte fusionné. Nous restions bien entendu deux personnalités distinctes, mais c'était lui qui assumait totalement la direction des opérations pour tout ce qui me concernait. Même alors que nous voguions à travers murs, plafonds, etc., il me semblait que notre communion était si parfaite que rien de pénible ne pouvait m'arriver. Je le répète, j'éprouvais une paix, un calme, une sérénité tels que je n'en ai jamais ressenti ailleurs.

Donc, après m'avoir parlé, il me reconduisit à ma chambre; en y rentrant, je revis mon corps étendu exactement dans la position où je l'avais laissé, et dans l'instant même je fus réintégré. J'imaginerais volontiers que je suis demeuré hors de mon corps pendant cinq à dix minutes, mais le temps n'a rien à voir dans cette affaire. En réalité, je n'ai même pas souvenir d'avoir songé à en mesurer la durée.

Toute cette aventure m'avait complètement abasourdi, j'avais été pris de court. Cela semblait si vivant, si réel — plus encore que le réel ordinaire. Le matin suivant, je n'en étais pas du tout effrayé. En me rasant, je remarquai que ma main ne tremblait pas comme cela lui arrivait depuis les dernières six à huit semaines. Je me rendais compte que j'allais mourir et je n'en concevais ni regret ni terreur. Il ne me venait aucunement à l'idée de chercher « comment empêcher cela ». J'étais prêt.

Pourtant, dans l'après-midi du jeudi qui précédait le matin de l'opération, j'étais dans ma chambre d'hôpital et je sentais monter en moi une angoisse. Ma femme et moi avons un garçon, un neveu adopté, qui nous donnait quelques ennuis. Je pris donc la décision d'écrire une lettre à l'intention de ma femme, et une autre pour mon neveu, de façon à exprimer mes inquiétudes par écrit. Après quoi je comptais dissimuler ces messages en sorte qu'on ne les découvre qu'après l'opération. Lorsque j'eus écrit environ deux pages à l'adresse de ma femme, ce fut comme si j'avais ouvert les vannes, je fondis en larmes et me mis à sangloter. Je

125

sentis une présence à mes côtés, et je crus d'abord que j'avais pleuré si fort que j'avais dérangé une des infirmières et qu'on venait voir ce qui se passait; mais je n'avais pas entendu la porte s'ouvrir. Et de nouveau je sentis cette présence; je ne voyais cette fois aucune lumière, mais des pensées ou des paroles m'entrèrent dans l'esprit, exactement comme avant, et on me disait : « John, pourquoi pleures-tu? Je pensais que tu serais heureux de venir à moi. » Je songeai : « Oui, c'est vrai, je le désire vivement. » Et la voix reprit : « Alors, pourquoi pleures-tu? » Je dis : « Nous nous faisons du souci à cause de mon neveu, vous savez bien, et j'ai peur que ma femme ne sache pas s'y prendre pour l'élever seule. J'étais en train de lui mettre noir sur blanc ma façon de voir à ce sujet, et de lui indiquer ce que j'aimerais qu'elle fasse pour lui. Je suis inquiet, aussi, parce que je crois que ma présence aurait été pour lui une source d'équilibre. »

C'est alors que me vinrent, de la part de l'être, ces pensées : « Parce que tu intercèdes pour quelqu'un d'autre, parce que tu penses à autrui et non pas à toi-même, John, je vais t'accorder ce que tu demandes. Tu vivras jusqu'à ce que ton neveu ait atteint l'âge d'homme. » Et d'un seul coup ce fut fini, je cessai de pleurer et je détruisis la lettre pour que ma femme ne risque pas de mettre accidentellement la main dessus.

Ce même soir, le Dr Coleman vint me voir et me dit qu'il s'attendait à ce que mon anesthésie s'accompagne de quelques difficultés, et qu'il ne faudrait pas que je sois surpris si, à mon réveil, je trouvais des tas de tuyaux, de fils et d'appareils tout partout autour de moi. Je ne lui confiai rien de mon aventure et me contentai d'opiner de la tête en disant que je ferais de mon mieux.

Le lendemain matin, l'opération dura longtemps mais fut menée à bien; tandis que je reprenais connaissance, je dis au Dr Coleman qui se tenait près de moi : « Je sais très bien où je suis. » Il me demanda : « Dans quel lit êtes-vous couché? » Je lui dis : « Dans le premier lit à droite en entrant par la porte du couloir. » Il eut un petit rire, et il s'imaginait naturellement que je délirais sous l'effet de l'anesthésie.

J'étais sur le point de tout lui raconter quand le Dr Wyatt entra et dit : « Il est réveillé maintenant. Qu'est-ce que vous allez lui faire ? » Réponse du Dr Coleman : « Je ne vais rien lui faire du tout ; jamais de ma vie je n'ai été aussi étonné. Me voilà avec tout un équipement prêt à fonctionner, et il n'a besoin de rien. » Le Dr Wyatt reprit : « Vous savez, il y a encore des miracles ! » Et lorsque j'ai pu me relever, j'ai constaté que je me trouvais effectivement dans ce lit que la lumière m'avait désigné quelques nuits auparavant.

Tout cela se passait il y a trois ans, mais le souvenir que j'en conserve est toujours aussi vivace qu'à l'époque où tout cela venait de se passer. Rien de plus fantastique n'aurait pu m'arriver, et cela a changé beaucoup de choses. Mais je n'en parle jamais. Je ne me suis confié qu'à ma femme, à mon frère, au pasteur de mon église, et maintenant à vous. Je ne sais comment vous dire, c'est si difficile à expliquer. Je ne cherche pas à vous en mettre plein la vue, je n'essaye pas de me vanter. Tout ce que je sais, c'est que, depuis lors, je n'ai plus le moindre doute : j'ai la certitude qu'il y a une vie après la mort.

III

SIMILITUDES

Les événements qui surgissent au long des différents stades de l'expérience des mourants sont — c'est le moins qu'on en puisse dire — peu communs. C'est pourquoi ma surprise n'a fait que croître lorsque, les années passant, je leur ai découvert de très nombreuses analogies avec des textes figurant dans des ouvrages très anciens et/ou hautement ésotériques, empruntés à la littérature de plusieurs civilisations, différant les unes des autres en âge et en culture.

LA BIBLE

Dans notre monde actuel, la Bible est le livre le plus largement répandu et le plus discuté de tous les ouvrages qui ont trait à la nature spirituelle de l'être humain et à la vie après la mort. Il faut pourtant reconnaître que, dans son ensemble, la Bible n'a que peu de chose à nous apprendre sur les faits qui entourent la mort et sur la nature précise de l'autre monde. Cette

131

remarque est particulièrement vraie en ce qui concerne l'Ancien Testament. Si l'on en croit certains exégètes bibliques, deux passages seulement de l'Ancien Testament font indiscutablement allusion à la vie après la mort [1] :

> *Isaïe, 26,19.* Tes morts revivront, leurs cadavres se relèveront ; réveillez-vous et criez de joie, hôtes de la poussière (...) car la terre redonnera vie aux Ombres.

> *Daniel, 12,2.* Et beaucoup de ceux qui dorment au pays de la poussière se réveilleront, ceux-ci pour la vie éternelle, et ceux-là pour l'opprobre, pour l'horreur éternelle [2].

On remarquera dans ces deux versets une forte tendance à imposer l'idée d'une résurrection du corps physique ; de même, l'état de mort physique est ici, une fois de plus, comparé au sommeil.

Pourtant, selon ce qui ressort clairement du chapitre précédent, certains sujets se sont visiblement inspirés de concepts bibliques lorsqu'ils s'efforçaient de décrire ou

---

1. *Note du Traducteur.* — En fait, l'Ancien Testament contient bien plus de *deux* de ces allusions ; je me permettrai de signaler, entre autres, ces versets tirés du *Livre de la Sagesse* (3, 1-8), qui ont dû échapper à l'attention du Dr Moody : « *Les âmes des justes sont dans la main de Dieu et nulle torture ne les atteindra. Aux yeux des insensés ils ont paru mourir, leur départ a été tenu pour un malheur et leur voyage loin de nous pour un anéantissement ; mais ils sont en paix. S'ils ont, aux yeux des hommes, subi des châtiments, leur espérance était pleine d'immortalité ; pour une légère correction, ils recevront de grands bienfaits. Dieu, en effet, les a mis à l'épreuve et les a trouvés dignes de lui (...). Ils jugeront les peuples et domineront les nations, et le Seigneur régnera sur eux à jamais.* » — Cf. aussi le célèbre épisode de la voyante d'En-Dor, en I Samuel, chap. 28.
2. Ces citations bibliques et les suivantes sont empruntées à la traduction Émile Osty (Le Seuil).

d'expliquer ce qui leur était arrivé. On se souviendra, par exemple, de cet homme qui identifiait l'obscur enclos traversé au moment du trépas à la « vallée de l'ombre de la mort », expression tirée de la Bible. Deux personnes ont par ailleurs évoqué la parole de Jésus : « Je suis la lumière du monde » ; il semble que ce soit — au moins partiellement — à partir de cette affirmation que ces deux témoins identifiaient au Christ la lumière apparue. L'un d'eux a précisé : « A aucun moment je n'ai vu quelqu'un dans cette lumière, mais pour moi cette lumière était un Christ : connaissance, communion avec toute chose, parfait amour. Je crois que Jésus parlait au sens littéral lorsqu'il se disait lumière du monde. »

En outre, au cours de mes propres lectures, j'ai relevé plusieurs autres similitudes qu'aucun de mes sujets n'avait signalées. La plus remarquable se trouve dans les écrits de l'apôtre Paul. Celui-ci persécutait les chrétiens jusqu'à ce que lui vînt cette fameuse vision qui fut à l'origine de sa conversion, sur le chemin de Damas :

Actes des Apôtres, 26, 13-26. ... Vers le milieu du jour, ô Roi, je vis, venant du ciel, plus brillante que le soleil, une lumière resplendir autour de moi et de tous ceux qui faisaient route avec moi. Et comme nous étions tombés à terre, j'entendis une voix qui me disait en langue hébraïque : « Saoul, Saoul, pourquoi me persécutes-tu ? Il t'est dur de regimber contre l'aiguillon. » Moi, je dis : « Qui es-tu, Seigneur ? » Et le Seigneur dit : « Je suis Jésus, que tu persécutes. Mais relève-toi et tiens-toi sur tes pieds ; car voici pourquoi je t'ai apparu : je te destine à être serviteur et témoin des choses pour lesquelles tu m'as vu, et de celles pour lesquelles je t'apparaîtrai. (...) Dès lors, roi Agrippa, je ne me suis pas montré indocile à la vision céleste (...). [Et lorsque j'eus parlé ainsi,] Festus dit d'une voix forte : « Tu es fou, Paul ! Ton grand savoir te mène à la folie! » [Mais je répondis :] Je ne suis pas fou, excellent Festus, mais ce sont des paroles de vérité et de bon sens que je prononce.

Cet épisode n'est pas sans comporter certaines ressemblances avec la rencontre de l'être de lumière au cours de l'expérience de la mort. Tout d'abord, on attribue à l'être une personnalité bien qu'aucune forme ne soit perçue, et la « voix » qui en émane pose une question et prodigue ensuite des instructions. Lorsque Paul tente de communiquer sa vision à d'autres, on se moque de lui et on le traite de « fou ». Néanmoins, l'apparition a modifié le cours de sa vie : il devient, à partir de ce moment, le principal propagateur du christianisme en tant qu'engagement vital dans l'amour du prochain.

Il y a aussi, bien entendu, des différences. Saint Paul n'était pas à l'article de la mort quand il eut sa vision. De même, détail important, saint Paul relate qu'il fut aveuglé par la lumière et mit trois jours à recouvrer la vue; ce qui va à l'encontre des témoignages selon lesquels en dépit de l'indescriptible brillance de la lumière, celle-ci ne les aveuglait en aucune façon, ni ne les empêchait de voir ce qui se passait à l'entour.

Dans ses commentaires sur la nature de l'après-vie, saint Paul parle de ceux qui contestaient le concept chrétien de la vie éternelle et demandaient de quelle sorte serait le corps de ceux qui mouraient :

> *I Corinthiens, 15, 35-52.* Mais, dira-t-on, comment les morts sont-ils relevés? Avec quel corps reviennent-ils? Sot! (...) Ce que tu sèmes, ce n'est pas le corps à venir, mais un simple grain (...). Et Dieu lui donne le corps qu'il a voulu, à chaque semence un corps particulier. (...) Il y a aussi des corps célestes et des corps terrestres, mais autre est l'éclat des célestes, autre celui des terrestres. (...) Ainsi en est-il de la résurrection des

morts : on est semé corruptible, on se relève incorrup-
tible ; on est semé méprisable, on se relève glorieux ; on
est semé faible, on se relève fort ; on est semé corps
psychique (naturel), on se relève corps spirituel. S'il y a
un corps psychique (naturel), il y a aussi un corps
spirituel. (...) Oui, je vais vous dire un mystère : nous ne
nous endormirons pas tous, mais tous nous serons
changés. En un instant, en un clin d'œil, au dernier
coup de trompette ; car elle sonnera, la trompette, et
les morts seront relevés incorruptibles...

On remarquera avec intérêt que les brèves indications
fournies par saint Paul sur le « corps spirituel » s'accordent fort bien avec les relations de ceux qui ont vécu
une décorporation. Dans tous les cas, le caractère
immatériel du corps « spirituel » — son absence de
consistance physique — est souligné, ainsi que son
absence de limitations. Saint Paul dit, entre autres, que
si le corps physique fut faible ou laid, le corps spirituel
n'en sera pas moins fort et glorieux. Ce qui rappelle un
cas précité où le corps spirituel paraissait entier et
complet alors que le corps physique se montrait mutilé ;
et un autre également où le corps spirituel paraissait
sans âge, c'est-à-dire non limité dans le temps.

PLATON

Le philosophe Platon, un des plus grands penseurs de
tous les temps, vécut à Athènes de 428 à 348 av. J.-C. Il
nous a laissé un ensemble de réflexions constituant
environ vingt-deux dialogues ou pièces, dont la plupart
mettent en scène son maître Socrate en tant que
personnage principal, sans parler d'un petit nombre de
lettres.

Platon croyait fermement en l'usage de la raison, de la

logique et de la dialectique comme moyen d'accéder à la vérité et à la sagesse ; mais jusqu'à un certain point seulement, car il fut en outre un grand contemplatif, pour qui l'ultime vérité ne pouvait être connue qu'au cours d'expériences d'illumination mystique et de vie intérieure. Il considérait qu'il existait d'autres plans, d'autres dimensions de réalité que ceux du monde sensible, physique, et professait que le domaine physique ne pouvait être pleinement compris qu'en référence à ces autres plans, ces plans « supérieurs » du réel. En conséquence, il s'intéressait principalement aux aspects non corporels de l'homme, à sa conscience — l'âme — et ne voyait dans le corps que le véhicule temporaire de l'esprit. Rien d'étonnant, donc, s'il se pencha sur le sort de l'âme après la mort physique ; et cela, au cours de plusieurs de ses dialogues, en particulier *Phédon, Gorgias* et *La République* — qui traitent en partie de ce sujet.

Les écrits de Platon sont remplis de descriptions de la mort, comme celle que nous avons citée au cours d'un premier chapitre. Ainsi, Platon définit la mort comme la séparation de la partie incorporelle d'un être vivant (l'âme) de la partie physique (le corps). Qui plus est, cette partie incorporelle de l'homme jouit de plus de facultés que la partie physique. D'autre part, Platon insiste de façon précise sur le fait que le temps n'est pas un élément inhérent aux domaines situés au-delà du monde sensible. Ces autres domaines sont éternels ; et, selon l'expression percutante de Platon, ce que nous appelons le temps n'est autre qu'un « reflet mouvant et irréel de l'éternité ».

Platon nous entretient à différentes reprises de la façon dont l'âme, une fois séparée du corps, peut rencontrer d'autres esprits défunts, converser avec eux,

136

et se laisser guider à travers cette transition entre ce monde-ci et l'autre par des esprits gardiens. Il mentionne que certains peuvent s'attendre à trouver, lors de leur trépas, une embarcation qui leur fait franchir une étendue d'eau en direction de « l'autre rive » de l'aprèsvie. Dans *Phédon*, le lieu où se déroule la scène autant que la puissance des arguments avancés nous ramènent à la notion du corps humain considéré comme la prison de l'âme ; et par suite, la mort s'assimile à une évasion ou à une relaxation qui met fin à cet emprisonnement. Lorsque, comme nous l'avons vu au premier chapitre, Platon exposait (à travers Socrate) l'antique conception de la mort comparée au sommeil et à l'oubli, c'était uniquement dans le but de la réfuter et, en fait, de lui tourner résolument le dos. D'après le philosophe athénien, l'âme qui s'introduit dans un corps physique provient d'un plan plus élevé et plus proche du divin ; pour lui, c'est donc la *naissance* qui devient sommeil et oubli, car l'âme, en venant au monde dans un corps, passe d'un état de conscience supérieure à un état de moindre connaissance ; en effet, elle oublie entre-temps les vérités qu'elle possédait avant de prendre chair. Par voie de conséquence, la mort prend figure de *réveil* et de *ressouvenance*. Platon assure que l'âme, une fois délivrée du corps, pense et raisonne avec une clarté accrue, et qu'elle peut alors pénétrer beaucoup plus profondément dans l'essence véritable des choses. Ce n'est pas tout : peu après la mort, l'âme est soumise à un « jugement » au cours duquel un personnage divin fait défiler devant elle toutes les actions — bonnes ou mauvaises — qu'elle a accomplies durant son existence terrestre, et l'oblige à les affronter de face.

Mais c'est, sans aucun doute, dans le chapitre X de *La République* que l'on relève la similitude la plus frappante. Là, Platon retrace le mythe d'Er, fils d'Arménios, un soldat grec qui prit part à une bataille meurtrière où les Grecs perdirent beaucoup des leurs. Lorsque ses compatriotes vinrent relever les victimes de ce carnage, le corps d'Er gisait au milieu de ses compagnons morts. On dressa un bûcher funéraire pour procéder à la crémation des cadavres, et Er y fut placé à son tour. Mais voilà que soudain son corps reprit vie. Et Er rapporta ce qu'il avait vu pendant son voyage au royaume de l'au-delà. Tout d'abord, relate Er, son âme abandonna son corps ; il se joignit à un groupe d'autres esprits, et ils se rendirent ensemble vers un lieu comportant des « ouvertures » ou « passages » conduisant de la terre aux mondes de l'après-vie. Là, les autres esprits s'arrêtèrent pour être jugés par des entités divines qui contemplaient d'un seul regard tout ce qu'ils avaient fait dans leur vie. Er, par contre, ne fut pas soumis au jugement ; mais on lui donna pour mission de retourner sur la terre afin d'informer les humains de ce qui les attendait de l'autre côté. Après avoir observé maintes choses, Er fut renvoyé ; mais il déclara ensuite qu'il ignorait la façon dont il était revenu à son corps. Il s'était simplement réveillé pour s'apercevoir qu'il était allongé sur un bûcher.

Il importe de conserver présent à l'esprit l'avertissement par lequel Platon nous donnait toutes ces descriptions détaillées du monde où vont les âmes après la mort comme « des probabilités, tout au plus ». Non qu'il songeât à mettre en doute la réalité de la survie après la mort ; il insistait pourtant sur le fait que, en essayant de décrire cette survie alors que nous sommes toujours confinés dans notre vie physique, nous nous exposons à deux graves inconvénients. En premier lieu, nos âmes, emprisonnées dans nos corps physiques, ne jouissent que de facultés limitées aux enseignements de nos sens. La vue, l'ouïe, le toucher, l'odorat et le goût peuvent, chacun à sa façon, nous induire en erreur. Nos yeux peuvent faire en sorte qu'un objet énorme nous apparaisse petit s'il est éloigné, nous pouvons nous méprendre sur ce que nous entendons, et ainsi de suite; en sorte que nos âmes ne peuvent voir la réalité en elle-même jusqu'à ce qu'elles soient libérées des déformations et des inexactitudes dues à l'exercice de nos sens.

Deuxièmement, Platon affirme que le langage humain est incapable d'exprimer directement les réalités ultimes. Les mots cachent plus qu'ils ne révèlent la nature intérieure des choses. Il s'ensuit qu'aucun mot humain ne peut faire plus que fournir une indication — par analogie, à travers des mythes ou par tout autre moyen — sur le caractère véritable de ce qui se situe au-delà de notre monde.

LE LIVRE DES MORTS TIBÉTAIN

Cet ouvrage hors du commun se présente comme une anthologie des enseignements dispensés au long des siècles par les sages de l'antique Tibet, tels qu'ils furent d'abord transmis de génération en génération par voie de tradition orale, puis consignés par écrit aux alentours du VIIIe siècle de notre ère; mais même alors, ils furent tenus cachés afin que leur secret ne fût pas dévoilé aux non-initiés.

La forme adoptée par ce livre étrange résulte des différents usages auxquels il a été destiné. Tout d'abord, aux yeux des érudits qui l'avaient rédigé, la mort passait pour une activité impliquant une certaine technique; on pouvait s'en tirer avec art, comme aussi avec maladresse, selon que l'on possédait ou non les connaissances requises à cet effet. C'est pourquoi la lecture du livre faisait partie de la cérémonie funéraire, ou s'effectuait au chevet d'un mourant pour accompagner ses derniers instants. On assignait donc à cette lecture deux fonctions. La première : aider le mourant à se pénétrer de la nature de chacun de ces phénomènes, si nouveaux et si merveilleux, à mesure qu'il en faisait l'expérience. La seconde : encourager les survivants à former des pensées bénéfiques, de manière à ne pas retarder le mourant par des manifestations d'amour ou de tension émotionnelle, en sorte qu'il puisse accéder aux plans de l'après-vie dans un état d'esprit approprié, dégagé de tout souci terrestre.

Pour parvenir à ces fins, le livre contient une longue description des différentes étapes par lesquelles l'âme passe après la mort physique. Or, la concordance entre les premiers stades de la mort ainsi présentés et les circonstances qui m'ont été relatées par ceux qui ont vu la mort de près est tout bonnement fantastique.

Pour commencer, dans l'exposé tibétain, l'esprit ou l'âme du mourant se détache de son corps. Peu après, cette âme connaît une sorte de syncope et se trouve dans un vide — non pas un vide physique, mais un vide qui possède en fait des limites qui lui sont propres, et où la conscience est conservée. Il se peut que le défunt entende à ce moment-là des bruits ou des sons alarmants ou désagréables, qualifiés de grondements, de tonnerres ou de sifflements semblables à ceux du vent. Il se retrouve ensuite, en général, aussi bien lui-même que ce qui l'entoure, comme enveloppé d'un éclairage gris et brumeux.

Il s'étonne en s'apercevant qu'il a quitté son corps. Il voit et il entend ses parents et ses amis qui se lamentent tout en se livrant à la toilette du corps en vue des funérailles; mais lorsqu'il essaye de leur parler, ils ne l'entendent ni ne le voient. Il ne se rend pas encore compte qu'il est mort, et il se sent désorienté. Il se demande s'il est mort ou non, et, quand il finit par concevoir qu'il l'est effectivement, il ne sait où aller ni quoi faire. Un grand regret s'abat sur lui et il se sent déprimé par ce nouvel état. Il demeure un certain temps au voisinage des lieux qui lui ont été familiers pendant son existence passée.

Il constate qu'il continue à avoir un corps — dénommé corps « brillant » — qui ne paraît pas constitué de matière. Ainsi, il peut traverser les murs, les rochers, et même les montagnes sans rencontrer la moindre résistance. Les déplacements sont instantanés; quel que soit le lieu où il désire aller, il y parvient en une seconde. Sa pensée et ses perceptions sont moins limitées; son intellect devient très lucide, et ses sens lui paraissent plus aiguisés, plus parfaits, et d'une nature plus proche du divin. S'il a été, durant sa vie physique, sourd, ou aveugle, ou estropié, il est surpris de découvrir que, dans son corps « brillant », tous ses sens et toutes les facultés de son corps physique ont été restaurés, et même intensifiés. Il rencontre éventuellement d'autres êtres possédant un corps semblable, et peut aussi se trouver devant ce que le texte désigne comme « une claire et pure lumière ». Les Tibétains conseillent au mourant, lorsqu'il approche de cette lumière, de s'efforcer de n'avoir que des pensées d'amour et de compassion à l'égard d'autrui.

Le livre décrit aussi les sensations de paix immense et de bonheur éprouvées par le défunt; et, également, une sorte de « miroir » dans lequel sa vie entière — les bonnes et les mauvaises actions — se reflète à sa propre vue comme à celle des entités qui le jugent. Dans cette circonstance, aucune erreur n'est possible ; nul ne peut essayer de mentir sur sa propre vie.

Bref, bien que *Le Livre des morts tibétain* contienne encore de nombreuses informations sur les stades ultérieurs de la vie après la mort, qui outrepassent le cadre des témoignages que j'ai recueillis, aucun de mes sujets n'étant allé aussi loin, il est notoirement évident que de frappantes similitudes s'établissent entre les descriptions contenues dans cet ancien manuscrit et les faits qui m'ont été relatés par des Américains du xxᵉ siècle.

EMMANUEL SWEDENBORG

Swedenborg, qui vécut de 1688 à 1772, était né à Stockholm. Il jouissait en son temps d'une grande réputation et contribua, dans plusieurs domaines, à l'avancement des sciences naturelles. Ses écrits, d'abord orientés vers l'anatomie, la physiologie et la psychologie, lui valurent une respectable notoriété. Cependant, un peu plus tard, il traversa une crise religieuse et se mit à faire part d'expériences qu'il aurait eues, au cours desquelles il aurait été en communication avec des entités spirituelles de l'Autre monde.

Ses dernières œuvres regorgent de descriptions très éloquentes portant sur la vie après la mort. Une fois de plus, la corrélation entre ce qu'il écrivit sur certaines de ses expériences spirituelles et ce que rapportent ceux qui sont revenus d'un contact avec la mort est ahurissante.

Ainsi, par exemple, Swedenborg parle de l'instant où cessent les fonctions corporelles de la respiration et de la circulation :

Néanmoins, l'homme ne meurt pas, mais est seulement séparé de la partie corporelle qui lui servait dans ce monde-ci (...). L'homme, quand il meurt, ne fait autre chose que passer d'un monde à un autre.

Il affirme avoir lui-même vécu les premiers moments de la mort et avoir connu des expériences de décorporation :

> Je fus amené à un état d'insensibilité par rapport aux sens corporels, presque à l'état de celui qui meurt ; cependant, la vie intérieure avec la pensée demeurait intacte, en sorte que je percevais et conservais en mémoire tout ce qui m'arrivait, et qui arrive aussi à ceux qui sont ressuscités d'entre les morts. (...) En particulier, il me fut donné de percevoir... qu'il se produisait une aspiration et... une traction de... la pensée, et ainsi de mon esprit, hors du corps.

Au cours de cette expérience, il rencontre des entités qu'il identifie à des « anges ». Ceux-ci lui demandent, en fait, s'il est préparé à mourir.

> Ces anges s'enquirent d'abord de ce qu'était ma pensée, afin de voir si elle était semblable à la pensée de ceux qui vont mourir, et qui est généralement tournée vers la vie éternelle ; et ils souhaitaient que je demeurasse dans cette disposition.

Le dialogue qui s'instaure entre Swedenborg et les esprits n'est pas d'un genre terrestre ni humain ; c'est bien plutôt un transfert direct de pensées. Ce qui rend l'erreur d'interprétation impossible.

> ... vu que les esprits conversent entre eux à l'aide d'un langage universel... Chaque homme, aussitôt après sa mort, s'accoutume à ce langage universel... qui est le propre des esprits...

143

> La parole qu'un ange ou un esprit adresse à l'homme est perçue de façon aussi sonore que la parole d'un homme à un autre homme; néanmoins elle n'est pas perçue par d'autres qui se tiennent auprès de lui, mais uniquement par lui seul. La raison en est que la parole d'un ange ou d'un esprit s'infiltre d'abord dans la conscience de l'homme...

La personne qui vient de mourir ne se rend pas compte qu'elle est morte, car elle continue à avoir un « corps » qui conserve une certaine ressemblance avec son corps physique.

> Le premier état d'un homme après sa mort est semblable à son état dans le monde, parce qu'il est alors pareillement dans les externes... De là vient qu'alors il ne peut faire autrement que de se croire dans le monde... Il en résulte qu'après s'être étonnés de ce qu'ils sont dans un corps et jouissent de tous les sens qu'ils avaient dans le monde... ils en viennent à désirer connaître ce qu'est le Ciel, ce qu'est l'enfer...

Pourtant, l'état spirituel est moins limité. La perception, l'intellect et la mémoire sont plus parfaits; le temps et l'espace ne constituent plus d'obstacles comme dans la vie physique :

> Toutes les facultés des esprits... sont dans un état plus parfait, aussi bien leurs sensations que leurs pensées et perceptions.

Sa vie passée peut lui être montrée en une vision. Il se souvient de chaque détail, et il ne lui est guère possible de nier ou de dissimuler quoi que ce soit.

> La mémoire intérieure... est telle que toutes les choses particulières y sont inscrites... tout ce que l'homme a

pensé, dit ou fait à n'importe quel moment... depuis
sa première enfance jusqu'à son extrême vieillesse.
L'homme conserve le souvenir de toutes ces choses
lorsqu'il parvient à l'autre vie, et est successivement
porté à se les rappeler toutes... Tout ce qu'il a dit ou
fait... devient manifeste devant les anges, dans une
lumière aussi claire que le jour... et il n'est rien de si
caché dans le monde qui ne soit manifesté après la
mort... car cela est vu en image lorsque l'esprit est
examiné à la lumière du Ciel.

Swedenborg décrit aussi la « lumière du Seigneur » qui
pénètre l'avenir, une lumière d'un éclat ineffable qu'il a
pu contempler lui-même. C'est une lumière de vérité et
de bonté.

Ainsi donc, chez Swedenborg, comme tout à l'heure
dans la Bible, dans les œuvres de Platon, et dans le
Livre des Morts tibétain, nous trouvons de frappantes
concordances avec les circonstances qui jalonnent les
expériences contemporaines à l'approche de la mort. La
question qui se pose tout naturellement est de savoir si
ce parallélisme est véritablement aussi étonnant qu'il y
paraît au premier abord.

Certains pourraient suggérer, par exemple, que les
auteurs de ces différents écrits ont pu s'influencer
mutuellement. Assertion qui pourra être soutenue dans
quelques cas, mais non dans tous. Platon reconnaît qu'il
a emprunté une partie de ses conceptions au mysticisme
religieux de l'Orient ; il a donc pu subir l'influence de la
tradition qui inspira d'autre part le *Livre des Morts
tibétain*. A son tour, la pensée des philosophes grecs a
marqué certains des auteurs du Nouveau Testament ; on
serait donc en droit de penser que les passages de saint

Paul décrivant le « corps spirituel » ont pu trouver leur origine dans les idées de Platon.

Mais, d'un autre côté, dans la plupart des cas, il n'est pas aussi facile d'établir que semblable influence se soit manifestée. Chacun de ces écrivains évoque certains détails particuliers, qui figurent aussi dans les rapports de ceux que j'ai interviewés, et qu'il ne pouvait en aucune façon tenir d'auteurs plus anciens. Swedenborg, certes, lisait la Bible et connaissait bien Platon ; on trouve pourtant chez lui plusieurs allusions au fait que l'homme qui vient de mourir met un certain temps à comprendre qu'il est mort ; cette particularité, qui revient à tout bout de champ dans les relations de ceux qui ont connu une mort provisoire, ne semble avoir été mentionnée ni dans la Bible ni dans Platon. Par contre, elle est mise en relief dans le *Livre des Morts tibétain,* ouvrage dont Swedenborg ne pouvait avoir eu connaissance ; en effet, sa première traduction en une langue européenne, l'anglais, date de 1927.

Est-il alors possible que les témoignages que j'ai reçus aient pu emprunter quelque chose à des écrits du genre de ceux que je viens de citer ? Toutes les personnes que j'ai interrogées avaient eu, avant leur expérience, quelques contacts avec la Bible ; deux ou trois d'entre elles possédaient quelques notions sur les idées de Platon. Par contre, aucune ne soupçonnait même l'existence d'œuvres aussi ésotériques que celles de Swedenborg, ou le *Livre des Morts tibétain.* Et pourtant, bien des détails qui n'apparaissent pas dans la Bible, ni même dans Platon, ressortent constamment des rapports que j'ai rassemblés ; et ces détails correspondent exactement à des phénomènes mentionnés dans les traités les plus insolites.

Force nous est de convenir que la répétition de ces

similitudes et de ces parallélismes entre les écrits de penseurs anciens et les témoignages provenant d'Américains modernes qui survivent à une mort temporaire demeure un fait remarquable, qui ne saurait, pour l'instant, recevoir aucune explication pleinement satisfaisante. Nous sommes en droit de nous demander comment il peut se faire que la sagesse des anciens Tibétains, les connaissances théologiques et les visions de saint Paul, les étranges intuitions et les mythes platoniciens, et enfin les révélations spirituelles de Swedenborg se recoupent si parfaitement, non seulement entre eux, mais aussi avec les narrations d'individus contemporains qui ont vu la mort d'aussi près qu'il est possible à un être encore vivant?

IV

QUESTIONS

Au point où nous en sommes, le lecteur aura eu tout loisir de concevoir bien des doutes et de soulever quantité d'objections. Depuis des années que je traite de ce sujet au cours de causeries, publiques ou privées, j'ai dû affronter de nombreuses interrogations. En général, les questions qui m'étaient posées étaient pour la plupart toujours les mêmes; j'ai donc pu dresser la liste de celles qui revenaient le plus souvent. Je voudrais consacrer ce chapitre et le suivant à leur fournir des réponses.

Q. — Est-ce que tout cela n'a pas été inventé par vous?

R. — Non. Je tiens beaucoup à poursuivre ma carrière dans l'enseignement de la psychiatrie et de la philosophie médicale; monter de toutes pièces un pareil canular passerait difficilement pour un moyen efficace de parvenir à mes fins.

De plus, l'expérience m'a démontré que quiconque entreprend de mener pour son propre compte une enquête sérieuse et de bonne foi parmi ses relations, ses amis et ses parents, à propos de ce genre de phénomène, ne tarde pas à voir ses doutes se dissiper.

Q. — Mais n'êtes-vous pas tombé dans l'exagération? Après tout, quelle peut être la fréquence de ces expériences?

R. — J'admets tout le premier que, en raison du caractère limité du dossier que j'ai réuni, je me sens incapable de fournir une estimation statistiquement satisfaisante de l'incidence ou de la prévalence du phénomène. Mais j'ajouterai volontiers ceci : la fréquence de ces expériences est très supérieure à l'idée que peut s'en faire quiconque n'a pas eu l'occasion d'étudier ce problème de près. J'ai donné beaucoup de conférences à ce propos, devant des publics plus ou moins importants, et aucune n'a eu lieu sans que quelqu'un soit venu, en fin de séance, me raconter son histoire, ou mieux, dans certains cas, la raconter publiquement. Bien sûr, on pourra toujours dire (et c'est vrai!) que les gens ayant passé par de telles circonstances auraient, plus que d'autres, tendance à assister à une conférence où l'on traite de ce sujet. Néanmoins, le cas s'est souvent produit où la personne en question n'était pas venue à la conférence à cause du sujet traité; par exemple, j'ai récemment parlé devant un groupe d'une trentaine de personnes : or, deux d'entre elles avaient connu l'expérience d'une mort temporaire, et toutes deux se trouvaient là tout simplement parce qu'elles étaient membres de cette association. Ni l'une ni l'autre ne savait d'avance de quoi j'allais parler.

Q. — Si ces expériences de mort temporaire sont aussi répandues que vous le prétendez, comment se fait-il que cela ne se sache pas davantage?

R. — Il semble qu'il y ait à cela plusieurs raisons. D'abord, et surtout, il y a le fait que la mentalité de notre époque se refuse énergiquement, d'une façon générale, à envisager l'hypothèse de la survie après la mort physique. Nous vivons en un temps où science et technique ont accompli des pas de géant vers la connaissance et la conquête de la nature; parler d'une vie après la mort paraît quelque peu anachronique aux yeux de beaucoup, pour lesquels pareille notion appartient plus aux « superstitions » du passé qu'à la « science » du présent. Par conséquent, les gens qui passent par des expériences étrangères au domaine de la science, telle que nous la définissons aujourd'hui, sont volontiers ridiculisés. Sachant cela, ceux à qui il arrive des aventures transcendantes sont rarement disposés à en faire état publiquement. Je suis convaincu, pour ma part, qu'une quantité énorme de matériel demeure enfoui dans les souvenirs de personnes qui, par crainte d'être traitées de folles ou taxées d' « hyperimagination », n'en ont jamais parlé qu'à un ou deux parents ou amis intimes.

En outre, l'obscurité qui règne dans les esprits au sujet des abords de la mort semble être encore épaissie par un phénomène psychologique des plus courants, portant sur l'attention. Une part importante de ce que nous voyons et entendons quotidiennement n'est pas enregistrée par notre conscience. Mais lorsque notre attention est soudain fortement attirée sur quelque chose, nous avons ensuite tendance à remarquer cette chose chaque fois qu'elle se présente. Il nous est arrivé à tous d'apprendre un jour la signification d'un mot, après quoi, dans les jours qui suivent, nous retrouvons ce mot à tout bout de champ dans les textes qui nous tombent sous les yeux. Cela ne provient généralement pas de ce

que ce vocable s'est brusquement imposé dans le langage
et resurgit à tout propos ; en fait, il a toujours figuré
dans le vocabulaire, mais comme nous n'en connaissions
pas le sens, nous passions à côté sans nous en rendre
compte.

Ainsi, à l'issue d'une de mes récentes conférences, j'ai
passé la parole à mes auditeurs, et le premier à
intervenir fut un médecin : « J'exerce la médecine depuis
longtemps, disait-il ; si ces expériences sont vraiment
aussi fréquentes que vous le dites, comment expliquez-
vous que je n'en aie jamais entendu parler ? » Certain
que je trouverais dans la salle au moins une personne ou
deux qui connaîtraient un cas semblable, je retournai
aussitôt la question vers l'auditoire : « Y a-t-il ici
quelqu'un qui aurait eu vent d'occurrences de ce
genre ? » A ce moment, la femme du médecin leva la
main et relata le cas d'une de ses très proches amies.

Voici un autre exemple : un médecin que je connais
prit pour la première fois connaissance de ce phénomène en lisant dans un vieux journal le compte rendu
d'une de mes causeries. Le lendemain même, un de ses
malades, sans y avoir été invité, entreprit le récit d'une
expérience similaire. Ce médecin put établir que son
patient n'avait jamais lu ni entendu citer mes travaux ;
en fait, cet homme n'avait confié son histoire que parce
qu'il en était très troublé, et même plutôt inquiet ; ce
pourquoi il requérait l'opinion d'un médecin. Il se peut
fort bien que, dans les deux circonstances précédentes,
les médecins en question eussent déjà rencontré des
témoignages semblables, mais ils n'y avaient probablement vu que des fantaisies occasionnelles au lieu d'un
phénomène largement répandu ; aussi n'y avaient-ils
prêté aucune attention.

Enfin, il existe un facteur supplémentaire dans le cas

des médecins, qui pourrait expliquer pourquoi ils sont si nombreux à ignorer ces particularités, alors qu'on les supposerait mieux placés que quiconque pour les rencontrer sur leur route. Il se trouve qu'au cours de leurs études, les futurs docteurs s'entendent répéter à longueur de cours qu'ils doivent faire montre de la plus grande méfiance envers les déclarations des malades sur leur état. Tout médecin a appris qu'il doit avant tout s'en tenir aux manifestations objectives du processus morbide, et de ne recevoir qu'avec beaucoup de circonspection les impressions subjectives (« symptômes ») communiquées par le patient. C'est là une recommandation tout à fait raisonnable, car on obtient des résultats plus rapides en se cantonnant dans l'objectivité. Cependant pareille attitude a également pour effet de laisser dans l'ombre les expériences de mort temporaire, car il se trouve bien peu de médecins pour s'enquérir des impressions et des perceptions éprouvées par les malades qu'ils ont arrachés à la mort. Dans ces conditions, j'irais jusqu'à dire que les médecins — théoriquement plus à même que d'autres de constater des phénomènes de ce genre — n'ont guère plus de chances d'en entendre parler que n'importe quelle autre personne au monde.

Q. — Avez-vous remarqué des différences entre les témoignages émanant d'hommes ou de femmes?

R. — Il n'y a absolument aucune différence entre les témoignages masculins ou féminins quant à leur contenu et quant à leurs caractéristiques générales. J'ai constaté que femmes et hommes décrivent de même les principales péripéties de leur « mort », et je n'ai pas trouvé un seul élément qui fasse pencher la balance en faveur des unes ou des autres.

On peut cependant opérer une distinction entre les

sujets masculins et les féminins : dans l'ensemble, les hommes font preuve de beaucoup plus de réticences que les femmes à raconter leur aventure. Les hommes ont été plus nombreux que les femmes à ne m'en fournir qu'un bref résumé, quitte à ne plus répondre à mes lettres ou à éluder mes interrogations lorsque je tentais d'approfondir mon enquête en leur demandant quelques détails supplémentaires. Plus nombreux aussi ceux qui m'ont fait part de réflexions du genre de celle-ci : « J'ai cherché à oublier, à effacer tout cela », invoquant la peur du ridicule, ou suggérant que les émotions ressenties à cette occasion avaient été trop fortes pour qu'ils puissent les communiquer.

Bien que je me sente incapable d'offrir une explication à cet état de choses, je ne suis pas le seul à l'avoir constaté. Le Dr Russell Moores, qui est un remarquable chercheur en matière de psychisme, m'a confié que lui-même et quelques autres ont fait la même observation. La proportion des hommes qui viennent lui relater des expériences psychiques est d'un tiers par rapport à celle des femmes.

Autre remarque intéressante : les cas d'expériences vécues par des femmes enceintes sont plus fréquents qu'on ne s'y attendrait. Peut-être est-ce parce que l'attente d'un enfant est en soi un état comportant plus de risques ou sujet à plus de complications médicales. Additionné au fait que seules les femmes sont enceintes, et que celles-ci éprouvent à se confier moins de gêne qu'un homme, cela pourrait expliquer la relative fréquence des expériences vécues par des femmes au cours de leur grossesse.

Q. — Comment savez-vous que tous ces gens ne vous ont pas menti?

R. — Pour qui n'a pas écouté et observé ces personnes en train de revivre leur expérience de « mort », rien de plus facile que de s'en tenir intellectuellement à l'hypothèse d'une série de mensonges. De ce point de vue, j'occupe une position privilégiée : j'ai vu des adultes en pleine maturité, émotionnellement équilibrés — aussi bien hommes que femmes — fondre en larmes tandis qu'ils me relataient des événements parfois vieux de trente ans. J'ai senti dans leur voix une sincérité, une chaleur, une acuité de sentiment qui ne peuvent malheureusement pas transparaître dans un rapport écrit. Ainsi, pour moi, bien que cette impression soit manifestement impossible à faire partager, l'idée que ces récits pourraient s'assimiler à des impostures est parfaitement insoutenable.

Pour donner plus de poids à ma propre opinion, j'évoquerai certaines considérations qui s'élèvent puissamment à l'encontre de l'hypothèse du mensonge. La plus évidente consiste dans la difficulté qu'il y aurait à expliquer la similitude de tant de récits. Comment pourrait-il se faire que tant de gens, sur une période de huit années, soient venus me raconter les mêmes inventions ? D'un point de vue purement théorique, on pourrait parler d'un complot. Rien n'empêche de concevoir qu'une charmante vieille dame habitant l'est de la Caroline du Nord, un étudiant en médecine du New Jersey, un vétérinaire de Georgie, etc., se soient réunis, il y a de cela des années, en une sordide conspiration en vue de monter à mon intention ce formidable canular. J'avoue toutefois que pareille supposition ne paraît pas revêtue d'une forte probabilité.

Q. — S'il ne s'agit pas de mensonges caractérisés, il peut y avoir une dénaturation plus subtile des faits. N'est-

157

il pas possible que, les années passant, vos sujets aient enjolivé leurs histoires?

R. — Cette question évoque un processus psychologique bien connu : on commence par le récit très simple d'un événement quelconque, puis, avec le temps, tout se transforme pour devenir une grande histoire compliquée. A chaque relation, un petit détail est discrètement ajouté, le conteur en arrivant peu à peu à y croire lui-même; et cela, jusqu'à ce que l'ultime version de l'histoire soit tellement embellie qu'elle n'a plus guère de rapport avec l'original.

Je ne crois pas que pareil mécanisme ait joué un rôle vraiment décisif dans les témoignages que j'ai étudiés. D'abord, les relations provenant de personnes interviewées très peu de temps après leur expérience — certaines se trouvaient encore en convalescence à l'hôpital — sont du même type que celles qui avaient trait à des événements ayant eu lieu des années auparavant. De plus, dans quelques cas, les gens que j'interrogeais avaient rédigé par écrit le compte rendu de leur expérience peu après l'événement, et se contentaient de me lire les notes qu'ils avaient prises. J'ajoute encore que, bien souvent, j'ai été le premier ou le second à recevoir cette confidence, parfois au prix de bien des hésitations, même dans des cas où l'épisode s'était déroulé quelques années plus tôt. Dans ces circonstances, la tendance à enjoliver peu à peu les faits ne jouait guère, ou pas du tout. Or, ces narrations ne diffèrent pas, dans leur ensemble, de celles qui avaient été plusieurs fois répétées pendant des années avant de me parvenir.

Enfin, il n'est nullement exclu que, dans bien des cas, ce qui se produit en fait soit exactement l'inverse de l'enjolivement. Les psychiatres appellent « suppression » un mécanisme par lequel le mental fait effort pour se débarrasser de souvenirs, de sentiments ou de pensées indésirables, et les dissimuler à la conscience. A diverses reprises au cours des interviews, j'ai entendu des sujets prononcer des phrases indiquant de façon manifeste qu'il y avait effectivement eu suppression. Par exemple, une femme qui me relatait une expérience très détaillée, vécue pendant qu'elle était tenue pour morte, ajoutait : « Je suis sûre qu'il y avait encore autre chose, mais je ne me rappelle pas tout. Je m'étais efforcée d'oublier, certaine que, de toute façon, personne ne voudrait me croire. » D'autre part, un homme dont le cœur s'était arrêté de battre au cours d'une intervention chirurgicale (il avait été grièvement blessé sur le front du Viêt-nam) disait combien il lui était difficile, d'évoquer les émotions endurées lors de sa décorporation : « Même maintenant, j'étouffe quand j'essaye d'en parler... Je sens bien qu'il y a beaucoup de choses dont je n'arrive pas à me souvenir ; j'ai fait des efforts pour les oublier. »

Bref, il n'apparaît nullement que le processus de l'embellissement ait pu intervenir de façon significative dans le développement de ces témoignages.

Q. — Est-ce que tous ces gens, avant leur expérience, professaient une religion? Et dans l'affirmative, n'ont-ils pas modelé leur aventure en fonction de leurs croyances et de leurs traditions?

R. — Jusqu'à un certain point, on peut répondre oui. Comme j'en ai déjà fait la remarque, bien que la description de l' « être de lumière » soit constante, l'identité qui lui est attribuée est variable, en fonction, semble-t-il, des antécédents religieux de chaque individu. Pourtant, je n'ai pas eu à enregistrer une seule référence à un ciel ou à un enfer correspondant aux images conventionnelles qui ont cours dans notre société. Bien au contraire, mes narrateurs m'ont souvent fait remarquer à quel point leurs expériences différaient de ce à quoi ils auraient pu s'attendre, du fait de leur éducation religieuse. Une femme qui était « morte » précise : « On m'avait toujours dit que, au moment de la mort, on voyait le ciel et l'enfer, mais je n'ai vu ni l'un ni l'autre. » Une autre dame qui s'était évadée de son corps à la suite de blessures graves, affirmait : « Ce qu'il y a de curieux, c'est qu'on m'avait toujours appris lors de mon instruction religieuse qu'à l'instant même de la mort on se trouvait aux portes du paradis, ces merveilleuses portes de jaspe... Eh bien, non ! J'étais là, planant au-dessus de mon corps, et voilà tout ! J'étais stupéfaite. »

J'ajouterai à cela que plusieurs témoignages proviennent de personnes qui ne professaient aucune foi et n'avaient reçu aucune éducation religieuse ; or, leurs recensions ne se distinguent guère, par leur contenu, de celles qui m'ont été faites par des croyants. Plusieurs cas se sont même présentés où le sujet, auquel on avait proposé des doctrines religieuses et qui les avait rejetées, a retiré de son expérience une foi beaucoup plus profonde. D'autres m'ont dit qu'ils avaient eu des lectures pieuses — la Bible entre autres — mais qu'ils n'en avaient pas véritablement compris certains passages avant cette expérience de la « mort ».

Q. — D'après vous, quelles seraient les répercussions éventuelles de ces expériences quant à la doctrine de la réincarnation ?

R. — Je n'ai relevé dans aucun des cas qui m'ont été soumis la moindre indication concernant l'éventualité d'une réincarnation; néanmoins, il est juste de reconnaître également qu'aucun d'entre eux n'élimine radicalement cette hypothèse. Si la réincarnation existe, il est alors vraisemblable qu'un épisode intermédiaire, situé dans un autre plan du réel, sépare le moment où l'ancien corps est abandonné de celui où l'âme s'intègre dans le nouveau. En conséquence, l'étude de témoignages provenant de personnes qui reviennent d'un court passage dans l'au-delà ne saurait en aucune façon fournir d'indications valables à cet égard.

D'autres techniques ont été mises en œuvre pour tenter de résoudre le problème de la réincarnation; par exemple, on a eu recours à la méthode de la « régression dans le temps ». Le sujet est placé sous hypnose et reçoit la suggestion de remonter mentalement à des époques de plus en plus anciennes de son existence; lorsqu'il parvient aux souvenirs des tout premiers instants de sa vie, on lui demande de remonter encore plus haut. C'est alors que certaines personnes se mettent à relater des histoires détaillées concernant des vies antérieures situées à des époques anciennes et dans des lieux très lointains. Il arrive que de tels récits se prêtent à des vérifications très révélatrices ; et cela, alors même que l'on a pu établir que le sujet ne pouvait absolument pas connaître, par des voies normales, les personnages, les faits et les lieux qu'il a décrits avec tant de précision. Le cas de Bridey Murphy est le plus célèbre, mais il en existe d'autres, parfois plus impressionnants encore et mieux documentés, et pourtant moins connus. Le lecteur désireux d'approfondir cette question pourra se reporter à l'excellente étude de Ian Stevenson, docteur en médecine, *Twenty Cases Suggestive of Reincarnation*.

Il est bon de noter aussi que le *Livre des Morts tibétain*, qui reproduit de façon aussi exacte les différents stades de l'après-vie, affirme que la réincarnation a lieu à un moment donné, mais beaucoup plus tard, bien après les événements rapportés par mes témoins.

Q. — Avez-vous pu confronter ces témoignages avec d'autres, issus de cultures différentes?

R. — Non. En fait, l'un des motifs qui me font dire que mon étude n'est pas « scientifique » est que l'ensemble des individus dont j'ai reçu les confidences ne constitue pas un échantillonnage d'êtres humains choisis au hasard. J'aurais été très intéressé par le récit d'expériences analogues vécues par des Esquimaux, des Indiens Kwakiutls, Navahos ou originaires de la tribu Watusi, etc. Mais par suite de circonstances géographiques et autres, je n'ai pu en recueillir aucun.

Q. — Existe-t-il des précédents historiques de phénomènes concernant des morts temporaires?

R. — Pas à ma connaissance ; mais je m'empresse d'ajouter que, ayant consacré toute mon activité à l'étude de cas contemporains, je n'ai pas eu le temps nécessaire pour approfondir suffisamment cette question. Je ne serais pas du tout surpris de m'apercevoir que des récits de ce genre ont existé dans le passé. Je soupçonne fort, d'autre part, que les expériences de mort temporaire ont dû être beaucoup plus fréquentes au cours de ces dernières décennies, pour la simple raison que c'est dans cette période récente seulement que des techniques de réanimation ont été mises au point. Bien des gens qui ont été ramenés à la vie à l'époque actuelle n'auraient pas survécu à leur épreuve dans le passé. Injections d'adrénaline dans le cœur, électrochocs, cœurs artificiels, poumons artificiels, autant d'exemples de ces progrès médicaux.

Q. — Avez-vous pris la peine d'examiner le dossier médical de vos sujets?

R. — Oui, dans la mesure du possible. Chaque fois que j'ai été admis à procéder à ces examens, le dossier comportait les attestations des responsables. Dans certains cas, eu égard à l'écoulement du temps et/ou au décès des personnes qui s'étaient chargées de la réanimation, les dossiers n'ont pu être consultés. Mais les témoignages à propos desquels les dossiers n'ont pas été obtenus ne diffèrent en rien des autres. Lorsque la consultation du dossier médical se révélait impossible, j'ai eu recours à d'autres témoins — amis, docteurs, ou familiers du sujet — de manière à établir avec certitude que le malade avait effectivement frôlé la mort.

Q. — J'ai entendu dire qu'au bout de cinq minutes toute tentative de réanimation devient vaine; or, vous affirmez que certains de vos sujets ont été « morts » pendant près de vingt minutes. Comment cela se peut-il?

R. — La plupart des chiffres que l'on entend citer dans la pratique médicale ne se rapportent qu'à des moyennes, à des estimations, et n'ont pas un caractère d'absolu. La durée de cinq minutes que l'on entend souvent citer constitue une moyenne. La routine médicale veut que l'on ne prolonge pas au-delà de cinq minutes les efforts de réanimation parce que, la plupart du temps, cette durée suffit à provoquer des altérations irréversibles dans le cerveau, par suite du manque d'oxygène. Néanmoins, comme il s'agit d'une moyenne, on doit s'attendre à ce que chaque cas individuel tombe au-delà ou en deçà de cette estimation. Il est exact que j'ai eu affaire à des cas où la « résurrection » a eu lieu après plus de vingt minutes, sans faire apparaître aucun signe constatable de lésion cérébrale.

Q. — *Tous ces gens étaient-ils réellement morts?*

R. — Une des principales raisons qui rendent la réponse à cette question si embarrassante et si délicate consiste en un problème de sémantique portant sur le sens attribué au mot « mort ». Comme on peut s'en apercevoir à la suite des vives discussions suscitées récemment à propos de transplantations d'organes, la mort est loin d'avoir reçu une définition solidement établie, même parmi les professionnels de la médecine. Les critères sur lesquels se fonde une constatation de décès ne sont pas les mêmes pour le médecin et pour l'homme de la rue; qui plus est, ils varient selon les médecins et selon les hôpitaux. En conclusion, la réponse à cette question dépendra de ce que l'on entend par « mort ». Nous aurons donc intérêt à examiner tour à tour trois définitions possibles, et à leur fournir un commentaire.

1. LA MORT EN TANT QU'ABSENCE DE SIGNES VITAUX CLINIQUEMENT DÉCELABLES

Pour les uns, on dira qu'une personne est morte lorsque son cœur s'arrête de battre, et qu'elle cesse de respirer pendant un temps suffisamment long; lorsque sa pression artérielle atteint un niveau si bas qu'elle en devient illisible; lorsque ses pupilles se dilatent; lorsque la température du corps commence à baisser, etc. C'est là la définition clinique; elle a servi au long des siècles tant aux médecins qu'aux non-initiés. En pratique, la plupart des gens qui ont été tenus pour morts l'ont été sur la base de ces critères-là.

Il n'est pas douteux que ces conditions traditionnelles se sont trouvées réunies dans un grand nombre des cas que j'ai examinés. Le témoignage des médecins et les attestations figurant sur les dossiers médicaux viennent alors étayer la présomption en faveur d'une mort effective.

2. LA MORT EN TANT QU'ABSENCE D'ACTIVITÉ DES ONDES CÉRÉBRALES

Les progrès technologiques ont favorisé le développement de techniques nouvelles, plus sensibles, permettant de détecter des processus biologiques là où il eût été impossible de les observer autrement. L'électro-encéphalographe est un appareil qui amplifie et enregistre les infimes potentiels électriques du cerveau. On tend actuellement à fonder la constatation d'une mort « réelle » sur l'absence d'activité électrique du cerveau, absence dont témoigne le tracé « plat » de l'E.E.G.

De toute évidence, dans tous les cas de réanimation dont j'ai traité ici, il s'agissait de cas d'extrême urgence. Il n'était pas question de trouver le temps de procéder à l'installation d'un appareil; le personnel de l'hôpital, à juste titre, s'efforçait avant tout de rappeler le patient à la vie. Par conséquent, d'aucuns pourront arguer de ce qu'aucun de ces malades n'a pu être officiellement tenu pour mort.

Cependant, supposons un instant que des tracés plats d'E.E.G. aient pu être obtenus pour un important pourcentage de sujets que l'on avait crus morts et qui ont été ranimés ensuite. Ce fait constituerait-il vraiment un apport décisif à la solution de notre problème? Je ne le pense pas, et cela pour trois raisons.

Premièrement, les efforts de réanimation se présentent toujours comme des urgences n'excédant jamais une durée d'une trentaine de minutes environ. Or, la mise en place d'un électro-encéphalographe est une tâche compliquée qui exige des connaissances techniques; il est assez courant qu'un technicien, même expérimenté, soit obligé de procéder à un réglage minutieux avant d'obtenir des graphiques corrects, fût-ce dans les meilleures conditions. Au cours d'une urgence, avec la confusion régnant, les chances d'erreur se trouveraient multipliées. Donc, quand bien même on obtiendrait un E.E.G. nul pour une personne qui raconterait ensuite l'histoire de sa « mort », un critique pourrait toujours — et fort justement — assurer que le tracé pourrait n'être pas exact.

En second lieu, même le plus merveilleux des appareillages électriques, convenablement disposé, ne nous permettrait pas de déterminer si la réanimation est possible, quel que soit le cas. Des tracés plats d'E.E.G. ont été obtenus chez des sujets qui ont pu être ramenés à la vie. Des doses trop fortes de sédatifs qui endorment le système nerveux central, aussi bien que l'hypothermie (baisse de la température du corps), ont parfois provoqué ce phénomène.

Troisièmement, à supposer que je sois en mesure de produire un cas où l'appareil aurait été correctement réglé, le problème n'en continuerait pas moins à se poser. On pourrait toujours prétendre qu'il n'existe aucune preuve que l'expérience de mort temporaire, telle qu'elle est ensuite rapportée, a été vécue pendant le laps de temps où l'E.E.G. était « nul »; elle aurait pu avoir lieu avant ou après. D'où je conclus que l'électro-encéphalogramme n'apporte rien de vraiment valable dans l'état actuel de notre investigation.

3. LA MORT EN TANT QUE PERTE IRRÉVER-SIBLE DES FONCTIONS VITALES

D'autres voudront peut-être s'en tenir à une définition encore plus restrictive, estimant qu'il est hors de question de prétendre qu'une personne soit morte, quelle que puisse être la durée de l'absence, chez elle, de signes de vie cliniquement décelables, quelle que soit aussi la longueur d'un tracé encéphalographique plat, si elle a pu être ensuite ranimée. Autrement dit, la mort est définie comme l'état d'où il est impossible de faire revenir un corps à la vie. Évidemment, si l'on accepte cette définition, aucun des cas précités ne saurait entrer en ligne de compte, dès lors qu'ils impliquent tous une « résurrection ».

Nous venons donc de voir que la réponse à la question posée dépend entièrement de ce que l'on entend par « mort ». Il convient pourtant de se rappeler que, même si cette discussion peut en partie se réduire à une querelle de mots, elle comporte néanmoins des implications importantes. En ce qui me concerne, j'aurais plutôt tendance à adopter la troisième définition, c'est-à-dire la plus stricte. Même lorsque le cœur avait cessé de battre pendant un laps de temps prolongé, il fallait bien que les tissus du corps, et notamment le cerveau, aient été en quelque manière irrigués (fournis en oxygène et alimentés); et il n'est pas nécessaire, en pareil cas, de supposer qu'il y ait eu violation des lois biologiques et physiologiques : car, pour qu'une « résurrection » ait pu avoir lieu, une certaine activité biologique

167

résiduelle a dû subsister dans les cellules corporelles, alors même qu'aucun signe manifeste de ce processus ne se laissait observer à l'aide des méthodes utilisées. Néanmoins, il semble actuellement impossible de déterminer exactement où se situe le point de non-retour. Il peut varier selon les individus ; ce n'est sans doute pas un point fixe, mais plutôt une limite variable au long d'une ligne continue. Il est certain que la plupart des gens auxquels j'ai eu affaire n'auraient pas pu être ramenés à la vie il y a quelques dizaines d'années. Dans l'avenir, des techniques nouvelles pourront peut-être permettre de ranimer des personnes qui ne pourraient être sauvées aujourd'hui.

Examinons maintenant l'hypothèse selon laquelle la mort consisterait en une séparation de l'esprit et du corps, l'esprit passant, au cours de cet instant, à un autre mode d'existence. Il s'ensuivrait qu'un mécanisme — quel qu'il soit — existe, par lequel l'âme ou la conscience est libérée au moment de la mort. Or, nous ne possédons aucune donnée fondamentale permettant d'établir avec certitude que ce mécanisme fonctionne en complet accord avec ce que nous considérons (de notre point de vue, et assez arbitrairement) comme le point de non-retour. Nous ne pouvons pas davantage présumer que son fonctionnement soit parfait dans tous les cas, plus que n'importe quel autre système organique. Il se peut que le mécanisme en question se déclenche occasionnellement avant que n'intervienne la crise physiologique décisive, procurant de la sorte à quelques individus de brefs aperçus vers .d'autres réalités. Cette éventualité permettrait de mieux comprendre les témoignages de ceux qui se sont trouvés hors de leur corps, ont assisté au film de leur existence, etc., à l'instant où ils se croyaient certains de **perdre la vie**, alors même qu'ils n'avaient pas encore subi de dommage corporel.

Je tiens, en dernier lieu, à déclarer ceci : quel que puisse être ce « point » où la mort devient irréversible — tant dans le passé que dans le présent et dans l'avenir — ceux avec qui je me suis entretenu l'ont approché de beaucoup plus près que la grande majorité de leurs semblables; et pour cette seule raison, je me sens tout disposé à écouter ce qu'ils ont à en dire.

D'ailleurs, dans cette ultime analyse, il est vain d'ergoter sur l'exacte définition de la mort — qu'elle soit ou non irréversible — étant donné le contexte de cet exposé. Celui qui oppose ce genre d'objections face aux expériences des mourants s'attache en réalité à quelque chose de plus fondamental : à ses yeux, tant que subsiste la possibilité d'une activité résiduelle dans le corps, cette activité peut être la cause, et donc comporter l'explication, de cette expérience.

Or, j'ai reconnu plus haut qu'il dut exister, dans tous les cas, quelque fonction résiduelle dans les cellules du corps, si bien que la question de savoir s'il y eut ou non mort « réelle » est peu de chose à côté de cette autre, plus fondamentale : la fonction biologique résiduelle est-elle ou non susceptible de rendre compte de ces expériences ? Ou, en d'autres termes :

Q. — Existe-t-il, en dehors de l'hypothèse de la survie après la mort corporelle, d'autres explications possibles?

R. — C'est ce que nous allons pouvoir examiner maintenant au cours du prochain chapitre.

V

EXPLICATIONS

Bien entendu, on pourra fournir au phénomène de la mort temporaire d'autres explications. D'un point de vue purement philosophique, chaque expérience, chaque observation, chaque fait peut faire surgir une infinité d'hypothèses ; rien n'empêche en effet d'accumuler indéfiniment des explications théoriquement valables, quelle que soit la chose que l'on cherche à élucider. Ainsi en est-il de l'expérience des mourants : toutes sortes de solutions se présentent à l'esprit.

Parmi les nombreuses explications qui pourraient théoriquement être proposées, il en est quelques-unes qui m'ont été souvent suggérées au cours des échanges de vues faisant suite à mes conférences. Je vais donc exposer à présent celles qui revenaient le plus fréquemment, et j'en ajouterai une autre encore qui, bien qu'elle n'ait jamais été mentionnée, aurait fort bien pu l'être. Je les ai sommairement classées en trois catégories : surnaturelles, naturelles (scientifiques) et psychologiques.

1

EXPLICATIONS SURNATURELLES

Très rares ont été les auditeurs qui proposaient d'expliquer les expériences des mourants par des interventions du démon, insinuant que ces visions ne pouvaient être produites que par des forces malveillantes. En réponse à cette interprétation, je ne peux dire que ceci : à mon sens, le meilleur moyen de distinguer les œuvres de Dieu de celles de Satan serait d'observer ce que la personne intéressée fait et dit après son expérience. J'imagine que Dieu inciterait plutôt ceux auxquels il apparaît à se montrer aimants et miséricordieux ; Satan, lui, engagerait plutôt ses serviteurs dans la voie de la haine et de la destruction. Manifestement, mes sujets sont revenus nantis d'une détermination renouvelée en faveur du premier comportement, et d'une juste réprobation à l'égard du second. Si l'on songe à toutes les machinations auxquelles le démon aurait dû se livrer pour abuser ses malheureuses victimes (et dans quel but ?), on peut affirmer qu'il a misérablement échoué — pour autant que je puisse en juger — à former des disciples convaincants en faveur de son programme !

2

EXPLICATIONS NATURELLES
(SCIENTIFIQUES)

L'explication par la pharmacologie

On pense parfois que les expériences des mourants peuvent avoir pour cause les drogues administrées au patient au moment de la crise. Plusieurs faits octroient à cette hypothèse un semblant de plausibilité. Par exemple, il est généralement admis par la plupart des médecins et des non-initiés que certaines drogues procurent des états mentaux hallucinatoires. En outre, nous traversons actuellement une époque où un intérêt intense a été suscité à l'égard du problème de l'abus des drogues ; l'attention du public a été fortement centrée sur l'usage illicite du L.S.D., de la marijuana, etc., qui paraissent effectivement provoquer des hallucinations. Enfin, il est de fait que bien des médicaments dont l'utilisation est approuvée par le corps médical comportent sur le mental des effets qui peuvent suggérer à un malade l'impression qu'il est en train de mourir. Entre autres, la kétamine (ou cyclohexanone) est un anesthésiant administré par piqûres intraveineuses, dont les effets secondaires ne sont pas sans analogie avec les

176

expériences de décorporation. On le classe parmi les anesthésiants « dissociants », parce que le patient qui subit l'influence de cette drogue ne réagit plus à la douleur, ni même à tout ce qui l'entoure. Il se sent « dissocié » de son environnement, et même des parties de son propre corps, bras, jambes, etc. Lorsqu'il retrouve sa connaissance il arrive qu'il souffre de séquelles incluant des hallucinations ou des rêves très colorés. (On remarquera ici que plusieurs sujets ont employé le mot « dissociation » pour exprimer leurs sensations lors de leur séjour hors du corps.)

Qui plus est, j'ai recueilli quelques récits émanant de personnes qui, sous l'effet de l'anesthésie, avaient éprouvé ce qu'elles identifiaient elles-mêmes à des visions hallucinatoires de mort. J'en donne un exemple :

Je devais avoir dans les douze ou treize ans; j'étais allée chez le dentiste me faire plomber une dent. On m'a endormie au protoxyde d'azote. Je ne me sentais pas très rassurée parce que j'avais peur de ne pas me réveiller. Lorsque l'anesthésie a commencé, je me suis sentie entraînée dans une spirale; ce n'était pas comme si je tournais sur moi-même, c'était le fauteuil du dentiste qui se mouvait le long d'une spirale montante, et avec lui je montais, je montais, je montais...

Tout brillait, tout était blanc, et quand je suis arrivée au sommet de la spirale, des anges sont venus à ma rencontre pour me conduire au Ciel; je mets « anges » au pluriel parce que tout cela était très vague, mais je suis sûre qu'il y en avait plus d'un, je ne sais pas au juste combien.

A un moment donné, le dentiste et son assistante ont parlé ensemble à propos d'une autre personne, mais quand ils arrivaient à la fin d'une phrase, je ne me rappelais déjà plus le début; tout ce que je savais, c'est qu'ils parlaient, et que le son de leurs paroles se répercutait d'écho en écho. L'écho allait en s'éloignant, comme dans la montagne. Je me rappelle qu'ils parlaient en dessous de moi, parce que je planais tout là-haut sur le chemin du Ciel.

C'est tout ce dont je me souviens, sauf que je n'avais pas eu peur ni n'avais été paniquée à l'idée de mourir. En ce temps-là, j'avais peur d'aller en enfer, mais au moment de cette aventure il n'était question de rien d'autre que d'aller au Ciel. Ça m'a étonnée après coup que la pensée de mourir ne m'ait pas émue davantage, mais j'ai fini par me rendre compte que dans l'état où m'avait mise l'anesthésie, plus rien n'avait d'importance. J'étais toute contente, et je sais bien que c'était le gaz qui m'avait rendue insouciante. C'est du moins ce que j'ai pensé; l'épisode était d'ailleurs très vague et je ne me suis pas attardée à y réfléchir depuis.

On aura noté plusieurs similitudes entre cette expérience et quelques autres qui ont été présentées comme réelles par ceux qui les ont vécues. Cette femme parle d'une lumière blanche et brillante, de la rencontre d'entités qui viennent l'aider à passer de l'autre côté, et de l'indifférence à l'idée de mourir. Deux détails suggèrent un séjour hors du corps : l'impression d'entendre les voix du dentiste et de l'infirmière comme provenant de plus bas, et la sensation de flotter.

Par contre, d'autres traits de cette histoire s'éloignent délibérément du modèle typique fourni par des personnes confrontées à la mort et considéré par celles-ci comme un ensemble de faits *réels*. La lumière brillante n'est pas personnifiée; il n'est pas question de bonheur et de paix ineffables; la description de l'au-delà semble devoir être prise au sens littéral et, comme cette personne le dit elle-même, elle subit l'influence de son éducation religieuse; les entités rencontrées sont identifiées à des « anges », il s'agit d'aller « au Ciel », et ce Ciel se situe « là-haut ». Elle nie avoir vu son corps ou emprunté une autre espèce de corps; elle attribue son mouvement de rotation non pas à elle-même mais au fauteuil du dentiste. Enfin, elle insiste sur le côté vague de l'aventure, laquelle n'eut apparemment aucun effet sur sa foi en un au-delà (en fait, elle conçoit à présent des doutes quant à la survie après la mort).

Si l'on compare les récits dans lesquels l'expérience est attribuée aux effets d'une drogue à ceux qui la présentent comme ayant réellement eu lieu, plusieurs remarques s'imposent. D'abord, les quelques personnes qui m'ont décrit leurs impressions comme des illusions dues à des substances chimiques ne sont ni plus ni moins romanesques, imaginatives, intelligentes ou équilibrées que celles qui présentent les faits comme réels. Deuxièmement, les visions attribuées à la drogue demeurent toujours extrêmement vagues. Troisièmement, les scénarios varient considérablement entre eux et diffèrent aussi des « vraies » expériences de mort ; je tiens à préciser qu'en sélectionnant cette histoire d'anesthésie, *j'ai intentionnellement choisi celle qui se rapproche le plus* de l'ensemble des témoignages reçus comme réels. Il me serait donc permis de soutenir qu'il existe des différences notables entre ces deux types d'expériences.

En outre, plusieurs facteurs supplémentaires s'opposent radicalement à l'explication pharmacologique du phénomène ; le plus déterminant est simplement celui-ci : dans de nombreux cas, aucun médicament d'aucune sorte n'avait été administré avant l'expérience, et guère davantage après coup. Bien des sujets ont au contraire tenu à mettre l'accent sur le fait que leur expérience avait eu lieu avant l'intervention d'une drogue quelconque, et parfois bien avant d'avoir obtenu des soins médicaux. Et même dans les cas où des produits pharmaceutiques avaient été absorbés par les sujets avant ou après le phénomène, la variété de ces produits est énorme : elle s'étend de l'aspirine jusqu'aux anesthésiants locaux ou gazeux, en passant par les antibiotiques et l'adrénaline. La plupart de ces médicaments ne comportent pas d'effets sur le psychisme ou sur le système nerveux central. Il n'existe pas non plus de différences entre l'*ensemble* des expériences vécues après absorption de drogues et celles qui n'ont pas été précédées par des médications.

Enfin, je noterai sans y ajouter de commentaire le témoignage d'une femme qui « mourut » deux fois, en deux circonstances séparées par un intervalle de plusieurs années ; elle attribuait l'*absence* d'une quelconque expérience lors de sa première « mort » au fait qu'elle avait été anesthésiée ; alors que la seconde fois, n'ayant absorbé aucun remède, elle avait vécu une aventure très fournie en détails complexes.

Une opinion concernant la pharmacologie médicale moderne — opinion largement répandue aussi dans le grand public — est que les drogues psychoactives sont *la cause* des manifestations psychiques associées à leur absorption. Ces manifestations psychiques sont, en conséquence, qualifiées d' « irréelles », « hallucinatoires », « illusoires », ou de « produits de l'imagination ». Il est bon de rappeler, cependant, que cette façon de voir n'est pas universellement adoptée, tant s'en faut ; il existe également une autre manière de concevoir la relation entre la drogue et les expériences consécutives à son usage. Je parle de l'emploi de ces drogues que nous appelons « hallucinogènes » à des fins initiatoires ou exploratrices. A travers les siècles, des hommes ont eu recours à ces mélanges psychoactifs en vue d'aborder d'autres états de conscience et d'atteindre d'autres plans de la réalité. Historiquement, la drogue ne s'est pas trouvée uniquement associée à la médecine et au traitement des malades, mais également à des fins religieuses et à la recherche de l'illumination mystique. Exemple : les rites bien connus du culte du peyotl chez les Amérindiens de l'ouest des États-Unis, au cours desquels le peyotl (sorte de cactus contenant de la mescaline) est ingéré dans le but d'obtenir des visions religieuses et des révélations. On trouve des rites analogues dans toutes les parties du monde, et ceux qui s'y adonnent professent que la drogue utilisée leur ouvre le passage vers d'autres dimensions de la réalité. Si l'on admet que ce point de vue peut se révéler fondé, on peut alors supposer que le recours à la drogue ne constitue qu'une voie, parmi d'autres, conduisant à l'illumination et à la découverte d'autres domaines du réel. L'expérience des mourants pourrait bien, dans cette hypothèse, figurer au nombre de ces voies, ce qui expliquerait les ressemblances constatées entre les visions dues aux drogues et les expériences des abords de la mort.

Explications physiologiques

La physiologie est la branche de la biologie qui étudie les fonctions des cellules, des organes et du corps tout entier des êtres vivants, ainsi que les interférences de ces fonctions les unes sur les autres. Une explication physiologique que j'ai souvent entendu proposer pour résoudre le problème des approches de la mort est celle-ci : puisque l'alimentation du cerveau en oxygène est interrompue pendant la mort clinique, et à l'occasion de différents états de choc, les phénomènes perçus doivent correspondre à une sorte de dernier sursaut, à un spasme compensatoire de la conscience qui s'éteint.

La principale objection à cette hypothèse est tout

181

simplement celle-ci : comme il est facile de s'en rendre compte en relisant les témoignages reproduits précédemment, un certain nombre d'expériences ont eu lieu avant l'intervention d'un choc physiologique. Dans certains cas, en effet, le phénomène se produisait sans qu'il y ait eu blessure ou avarie corporelle. Pourtant, chacun des éléments introduits dans les cas de blessures graves apparaissent également dans ceux où le corps n'était pas lésé.

Explications neurologiques

La neurologie est la branche médicale où l'on étudie les causes des maladies du système nerveux (cerveau, cordon médullaire, nerfs), ainsi que l'art de les diagnostiquer et de les traiter. Des phénomènes semblables à ceux que décrivent les mourants apparaissent également dans des circonstances relevant de la neurologie. Certains seraient donc tentés de fournir aux expériences des mourants des explications neurologiques, en arguant des altérations subies par le système nerveux chez les agonisants. Considérons l'aspect neurologique de deux des principaux éléments qui composent l'expérience des mourants, à savoir la « revue » instantanée des événements de la vie et le sentiment de quitter son corps.

J'ai interrogé un malade du secteur de neurologie d'un hôpital ; il décrivait une forme particulière de désordre consécutif à une attaque, où il avait revu des épisodes antérieurs de son existence :

> La première fois que cela m'est arrivé, j'étais en train de regarder un ami qui se tenait en face de moi dans ma chambre ; et voilà soudain que le côté droit de son visage m'a semblé tout distordu. Et tout à coup, un flot d'images représentant des scènes de ma vie a envahi ma

conscience; elles reproduisaient les choses exactement comme elles s'étaient passées, très précises, toutes en couleurs et en relief. J'en avais la nausée, et ma surprise était si forte que j'essayais de chasser ces visions. Depuis lors, j'ai eu souvent des attaques semblables, et j'ai appris à les laisser suivre leur cours sans réagir. La meilleure comparaison que je puisse trouver, c'est avec les émissions de fin d'année à la télévision, quand on fait défiler des flashes des principaux événements qui ont eu lieu; à peine a-t-on entrevu une image qu'on passe à la suivante avant qu'on ait eu le temps d'y penser : c'est exactement pareil pour mes crises. Je vois quelque chose et je me dis : « Ah oui! je m'en souviens », et j'essaye de retenir cette image dans mon esprit, mais elle est immédiatement remplacée par une autre sans que j'y puisse rien.

Ce sont toutes des images de choses qui ont vraiment eu lieu; rien n'y est changé. Quand c'est terminé, j'ai beaucoup de mal à me rappeler ce que j'ai vu. Quelquefois, ce sont les mêmes images qui reviennent; d'autres fois, non. Lorsqu'elles arrivent, je pense : « Ah! ce sont de nouveau les mêmes, je les ai déjà vues », mais dans la suite, il m'est à peu près impossible de retrouver de quoi il s'agissait. Ce ne sont pas forcément des événements qui ont eu une importance dans ma vie; même jamais. Ce sont tous des faits banals. Ils ne se présentent pas dans un ordre quelconque, même pas l'ordre dans lequel ils se sont produits pendant ma vie. Ils viennent au hasard.

Quand le défilé commence, je peux tout de même voir ce qui se passe autour de moi, mais ma conscience est comme en veilleuse; je ne suis pas tout à fait éveillé. C'est comme si la moitié de ma pensée était prise par les images pendant que l'autre moitié s'occupe de ce que je suis en train de faire. Les gens qui m'ont vu avoir de ces crises disent qu'elles ne durent pas plus d'une minute, mais pour moi cela dure des siècles.

Sans doute peut-on relever d'évidentes similitudes entre ces crises qui correspondent certainement à des foyers d'irritation dans le cerveau, et les souvenirs panoramiques évoqués dans certains témoignages d'agonisants. Ainsi, les crises prenaient chez cet homme la forme d'images visuelles extrêmement vivantes et tridimensionnelles. De plus, ces images affluaient d'elles-mêmes, sans aucune intervention volontaire de sa part. Il mentionne également leur rapidité; enfin, il insiste sur la distorsion de son sentiment de la durée pendant les crises.

Mais on note également de frappantes différences. Contrairement à ce qui se passe dans les expériences de mort temporaire, les images-souvenirs ne se présentaient pas dans l'ordre chronologique; elles n'étaient pas non plus embrassées d'un seul regard, en une vision panoramique. Il ne s'agissait pas davantage d'événements marquants ou significatifs; le malade souligne leur banalité. Il n'apparaît donc pas que ces évocations aient correspondu à une intention de jugement ou d'édification. Alors que les sujets approchant la mort affirment que, après cette remémoration, ils conservaient le souvenir des événements de leur vie avec plus de clarté et plus en détail qu'auparavant, celui-ci déclare qu'à la fin de l'attaque il ne parvenait pas à se rappeler ce qu'il avait vu.

Les séjours hors du corps ont leurs équivalents neurologiques dans ce qu'on nomme les « hallucinations autoscopiques » (où l'on se voit soi-même), auxquelles le Dr N. Lukianowicz a consacré un excellent article dans la revue médicale *Archives of Neurology and Psychiatry*. Dans ces curieuses visions, le sujet perçoit une projection de lui-même dans son propre champ visuel. Cet étrange « double » imite les expressions du visage et les mouvements du corps de l'original, qui est stupéfait et bouleversé de voir soudain sa propre image à une certaine distance de lui-même, et en général juste en face de lui.

Bien qu'il y ait là quelque chose de très clairement analogue aux expériences de décorporation déjà décrites, les différences l'emportent de beaucoup sur les similitudes. Le fantôme autoscopique est toujours perçu comme vivant — il arrive parfois que le sujet l'estime plus vivant et plus conscient qu'il ne l'est lui-même — alors que dans les décorporations le corps est perçu comme une chose inerte, une coquille vide. Le sujet autoscopique entend éventuellement son double lui parler, lui donner des instructions, le soumettre à des tentations, etc. Dans les cas de décorporation, le corps est vu en son entier (sauf s'il est partiellement recouvert ou dissimulé), tandis que le double autoscopique apparaît beaucoup plus souvent réduit à un buste.

En réalité, les personnages autoscopiques ressemblent davantage à ce que j'ai appelé le « corps spirituel », plutôt qu'au corps physique aperçu par les mourants. Les répliques autoscopiques, bien qu'elles soient parfois perçues en couleurs, sont plus souvent décrites comme vaporeuses, transparentes, et non colorées. Il arrive que le sujet voie son image traverser les portes fermées ou d'autres obstacles matériels sans la moindre difficulté.

Voici le récit qui m'a été fait de ce qui semble avoir été une hallucination autoscopique; c'est un cas unique en son genre, car il met en cause deux personnes en même temps :

Vers onze heures du soir, par une nuit d'été, environ deux ans avant notre mariage, je reconduisais chez elle celle qui allait devenir ma femme. Je rangeai ma décapotable le long du trottoir faiblement éclairé, devant sa maison; et nous eûmes ensemble la surprise, en levant les yeux en même temps, de voir de grandes images de nous-mêmes, à partir de la taille et au-dessus, assis l'un à côté de l'autre, dans les grands arbres qui abritent cette rue, à une trentaine de mètres en avant de nous.

Les images étaient sombres, presque comme des silhouettes, et on ne pouvait voir au travers; mais c'étaient en tout cas des répliques tout à fait exactes. Nous n'avons eu ni l'un ni l'autre le moindre mal à nous reconnaître immédiatement. Les images bougeaient, mais n'imitaient pas nos mouvements, puisque nous étions immobiles en train de regarder; par exemple, mon image s'emparait d'un livre et y montrait quelque chose à l'image de ma femme, et celle-ci se penchait vers le livre pour mieux voir. Pendant ce temps, nous restions assis côte à côte, et je racontais à ma femme ce que je voyais au fur et à mesure, et ce que je disais correspondait exactement à ce qu'elle voyait; puis au bout d'un moment, nous inversions les rôles : c'était elle qui décrivait les scènes comme elle les observait, et cela correspondait aussi à ce que je venais de voir.

Nous sommes restés là assez longtemps — au moins une demi-heure — à regarder et à épiloguer sur ce que nous voyions. Cela aurait pu continuer ainsi toute la nuit; mais il fallait que ma femme rentre chez elle, alors nous avons gravi ensemble les marches de l'escalier qui conduisait à sa maison au sommet de la colline. Quand je suis redescendu, j'ai revu les images, et elles étaient toujours là quand j'ai fini par démarrer.

Il n'est pas question d'expliquer cela par un reflet dans le pare-brise, parce que le toit ouvrant de la voiture était replié et que notre regard se portait vers le haut, bien au-dessus du pare-brise, pendant tout le temps où nous assistions au spectacle. Aucun de nous deux ne s'adonnait à la boisson — et maintenant pas davantage — et cela se passait trois ans avant que nous ayons entendu parler de L.S.D. ou de drogues du même genre. Nous n'étions pas fatigués non plus, bien qu'il fût assez tard; nous n'étions pas endormis et il ne s'agissait pas d'un rêve. Nous étions bien éveillés, lucides, stupéfaits, et très excités tout en regardant les images et en échangeant nos réflexions.

186

D'accord, les hallucinations autoscopiques présentent quelque parenté avec les phénomènes de décorporation associés aux expériences des mourants. Cependant, même si nous prenions le parti de ne souligner que les similitudes en négligeant complètement les différences, l'existence des hallucinations autoscopiques ne nous fourniraient aucune explication quant aux expériences de décorporation. Et cela pour une raison bien simple : il n'existe pas non plus d'explication valable en ce qui concerne les hallucinations autoscopiques. Bien des hypothèses contradictoires ont été proposées par divers neurologues et psychiatres, mais on en discute toujours, et aucune théorie n'a réussi à obtenir l'adhésion générale. Par conséquent, prétendre expliquer les voyages hors du corps en les assimilant à des hallucinations autoscopiques ne ferait que remplacer une obscurité par une énigme.

Pour terminer, voici un dernier détail en rapport avec les tentatives d'interprétation neurologique des expériences de mourants. J'ai rencontré un cas où le sujet avait souffert de séquelles neurologiques à la suite d'une mort temporaire. Ces séquelles se limitaient à une paralysie partielle d'un petit groupe de muscles sur un côté du corps. Bien que j'aie souvent interrogé mes sujets afin de savoir si leur aventure n'avait pas comporté pour eux des suites fâcheuses, celui-ci est l'unique exemple que j'aie trouvé d'un dommage neurologique causé par une expérience d'approche de la mort.

Explications psychologiques

La psychologie n'a pas encore atteint, tant s'en faut, le degré de rigueur et de précision auquel sont parvenues d'autres sciences à notre époque moderne. Les psychologues demeurent divisés entre diverses écoles de pensée en conflit permanent les unes avec les autres, en complet désaccord sur leurs points de vue respectifs, leurs méthodes de travail, et leurs conceptions fondamentales sur l'existence et la nature de l'esprit. En conséquence, les interprétations psychologiques des expériences de mourants divergeront considérablement suivant l'école de pensée à laquelle se rallie chaque commentateur. Plutôt que d'examiner les unes après les autres toutes les sortes d'explications susceptibles d'être élaborées par des psychologues, je m'en tiendrai au petit nombre de celles qui m'ont été le plus souvent proposées par des membres de mon auditoire, plus une, qui m'a frappé comme constituant la plus tentante.

J'ai déjà effleuré plus haut deux explications souvent évoquées — celles qui supposent l'intervention de mensonges conscients ou d'exagérations inconscientes. Dans le présent chapitre, j'aimerais en étudier deux autres.

Effets de l'isolement. Au cours des nombreuses réunions publiques où j'ai fait part de mes études, jamais personne n'a proposé d'interpréter les expériences de mourants en s'inspirant des recherches actuelles portant sur les effets de l'isolement. Or, c'est justement dans le domaine de cette étude du comportement humain, science relativement récente et en plein essor, que l'on a constaté (et même provoqué en laboratoire) les phénomènes qui présentent les plus étroites ressemblances avec les étapes de l'expérience des mourants.

Cette recherche porte sur ce qui se produit dans la conscience et dans le corps d'un sujet lorsque celui-ci se trouve, d'une façon ou d'une autre, isolé; par exemple, lorsqu'il est coupé de tout contact social avec d'autres humains, ou lorsqu'il est assujetti pendant de longues périodes à une tâche monotone et répétitive.

Des indications sur les effets de ce type de situation ont été obtenues grâce à plusieurs méthodes. Les rapports écrits sur les expériences d'explorateurs solitaires aux pôles, ou de survivants isolés après un naufrage, contiennent de précieuses informations. Durant les dernières décennies, des chercheurs se sont efforcés d'étudier des phénomènes similaires en laboratoire. Une technique dont on a beaucoup parlé consiste à tenir un volontaire en suspension dans un bassin rempli d'eau maintenue à la température du corps; ceci pour minimiser ses sensations de poids et de température. On lui couvre les yeux d'un bandeau, et ses oreilles sont garnies de tampons de manière à intensifier l'impression d'obscurité et de silence. Ses bras sont enfoncés dans des gaines afin qu'il ne puisse pas les remuer; il se trouve ainsi privé de toute sensation alliée à la position et au mouvement.

Dans ces conditions de confinement, aussi bien que dans d'autres comparables, certains ont éprouvé des phénomènes psychologiques dont beaucoup ressemblent fortement à ceux que j'ai décrits au long du chapitre II. Une femme qui a passé par de longues périodes de solitude au pôle Nord, dans des conditions dramatiques, relate une vision panoramique des événements de sa vie. Des marins naufragés, voguant seuls et perdus pendant des semaines sur de petites embarcations, ont décrit les hallucinations qui leur donnaient l'illusion d'être sauvés, parfois par des entités paranormales, fantômes ou esprits. Ce qui n'est pas sans présenter de vagues analogies avec l' « être de lumière » ou avec les esprits de défunts que beaucoup de mes sujets ont rencontrés sur leur route. D'autres phénomènes ressentis aux approches de la mort se retrouvent également dans les expériences d'isolement : distorsions du sens de la durée, impression d'être dissocié de son corps, résistance à l'idée de retourner à la civilisation ou de quitter le confinement, et sentiment de ne « faire qu'un » avec l'univers. En outre, nombreux sont ceux qui, après avoir connu l'isolement à la suite d'un naufrage (ou d'autres circonstances équivalentes), disent qu'après avoir vécu dans de telles conditions pendant des semaines, ils ont vu leur retour à la société civilisée s'accompagner d'un profond bouleversement de leur échelle des valeurs. Ils ajoutent parfois qu'ils ont ressenti par la suite une sérénité intérieure accrue. Il n'est pas douteux que cette réintégration de la personnalité est très proche parente de celle que décrivent un bon nombre des humains qui sont revenus de la « mort ».

De même, certains aspects des circonstances où se trouvent les agonisants rappellent beaucoup celles qui vont de pair avec les expériences, subies ou provoquées, des isolés. Les malades à l'article de la mort sont souvent isolés et immobilisés dans les salles de réanimation des hôpitaux, où lumière et bruits sont atténués, et où les visites ne sont pas admises. On pourrait même se demander si les modifications physiologiques qui accompagnent le déclin du corps ne sont pas en elles-mêmes susceptibles de produire une impression radicale d'isolement, entraînant une coupure presque totale de toutes les sensations qui parviennent au cerveau. Bien plus, comme nous l'avons longuement constaté plus haut, de nombreux sujets m'ont rapporté leurs angoissantes impressions de confinement, de solitude, de coupure avec tout contact humain, dont ils se sentaient envahis au moment où ils quittaient leur corps.

Explications

Il est effectivement certain que l'on pourrait sélectionner quelques cas limites qu'il serait difficile de classer dans les expériences de mourants plutôt que dans les expériences d'isolement. Exemple : un homme m'a communiqué l'histoire suivante, vécue dans un hôpital durant une grave maladie :

> J'étais gravement malade à l'hôpital et, étendu dans mon lit, je ne cessais de voir des images venir à moi, comme sur un écran de télévision. Elles représentaient des gens, je voyais une personne s'approcher comme si elle se situait dans l'espace, à quelque distance ; elle passait, aussitôt remplacée par une autre. J'étais parfaitement conscient d'être à l'hôpital, malade, mais je commençais à me demander ce que tout cela signifiait. Parmi les gens que je voyais passer, certains m'étaient personnellement connus — c'étaient des parents ou des amis — mais d'autres étaient des inconnus. Tout à coup, je me suis rendu compte que tous ceux que je reconnaissais étaient des gens qui étaient morts.

Dans quelle catégorie situer cette expérience ? Elle comporte des points communs aussi bien avec les récits d'isolés qu'avec les témoignages de mort temporaire. Elle rappelle les rapports de mourants qui mentionnent des rencontres avec des esprits de défunts, mais elle s'en distingue en ce qu'aucun des autres phénomènes de l'agonie n'y trouve sa place. Assez curieusement, dans un rapport d'isolé, un malade qui avait passé quelque temps dans la solitude d'une chambre individuelle fait part d'hallucinations au cours desquelles il avait vu défiler auprès de lui des images d'hommes célèbres. Faut-il donc considérer le témoignage précédent comme une expérience d'agonisant due à l'extrême gravité de son mal, ou bien comme une expérience due à l'isolement provoqué par les conditions de confinement

La vie après la vie

imposées par son état ? Il se pourrait fort bien qu'aucun critère absolu ne permette d'opérer une distinction formelle entre ces deux catégories. Sans doute subsistera-t-il toujours des cas limites.

En tout état de cause, en dépit de ces imbrications, le résultat des recherches sur l'isolement ne suffit pas à fournir une explication satisfaisante aux expériences de la mort. Et tout d'abord, les divers phénomènes accompagnant le confinement ne trouvent eux-mêmes leur explication dans aucune théorie courante. En appeler aux études sur l'isolement pour expliquer les expériences des mourants serait — exactement comme tout à l'heure, pour les hallucinations autoscopiques — substituer tout bonnement un mystère à un autre.

Car deux courants de pensée antagonistes entrent en conflit au sujet de la nature des visions qui accompagnent le confinement. D'aucuns tiennent ces visions pour « irréelles » ou « hallucinatoires », alors que, tout au long de l'histoire, des mystiques et des chamans ont recherché la solitude dans le désert pour y recevoir illumination et révélation. La notion suivant laquelle une renaissance spirituelle peut être obtenue dans la solitude fait partie intégrante des doctrines religieuses issues de toutes les traditions ; elle se retrouve dans la plupart des grands écrits religieux, notamment dans la Bible.

Bien que cette idée paraisse quelque peu étrangère à nos structures mentales d'Occidentaux, elle trouve cependant de nombreux défenseurs même dans notre société actuelle. Un des premiers chercheurs à avoir abordé l'étude de l'isolement, et en même temps l'un des plus influents, John Lilly, docteur en médecine, a récemment publié un livre, sorte d'autobiographie spirituelle intitulée *The Center of the Cyclone* ; dans cet ouvrage, il établit

192

Explications

bien clairement qu'il considère les phénomènes éprouvés
par lui-même, alors qu'il s'était mis dans les conditions
de l'isolement, comme des expériences d'illumination et
de vision intérieure, et non pas du tout comme des
illusions ou des phantasmes irréels. Il est également
intéressant de savoir qu'il relate une approche de
la mort dont il fut lui-même le principal intéressé, et que
son témoignage est tout à fait semblable à ceux que j'ai
pu réunir. De plus, il situe son expérience de mort
temporaire dans la même catégorie que ses expériences
d'isolement. En conclusion, cet isolement, au même titre
que l'usage de drogues hallucinogènes et les premières
atteintes de la mort, peut n'être qu'un moyen parmi
d'autres permettant d'accéder à de nouveaux plans de
conscience.

Rêves, hallucinations, aberrations. Certains diront peut-
être que les expériences de mort temporaire ne sont rien
d'autre que des rêves, expressions de désirs secrets, des
phantasmes ou des hallucinations produits par des
causes variées — abus de drogues dans un cas, anoxie
cérébrale dans un autre, aperception dans un troisième,
etc. Tout s'expliquerait donc en termes d'aberrations.

A mon sens, plusieurs facteurs s'élèvent à l'encontre
de cette thèse. D'abord, considérez toutes les similitudes
relevées dans les épisodes relatés et dans leur progres-
sion, et cela en dépit du fait que ce qui est le plus
souvent représenté ne correspond manifestement pas
aux idées communément répandues, dans notre milieu,
sur les circonstances de la mort. D'autre part on
s'aperçoit que le tableau ainsi brossé, tel qu'il se dégage
de ces descriptions, reproduit de façon frappante la
peinture offerte par des écrits très anciens et très
ésotériques totalement inconnus de mes sujets.

Il reste que les personnes auxquelles j'ai eu affaire ne sont pas affligées de psychoses ; elles m'ont au contraire produit l'effet de personnes équilibrées, normales, et bien intégrées dans la société. Elles exercent des métiers, occupent des postes importants, assument complètement les responsabilités de leurs tâches. Elles ont fondé des foyers stables et sont en bons termes avec leurs familles, leurs amis. Presque aucun des sujets interviewés n'a connu plus d'une aventure paranormale dans sa vie. Enfin, de toute évidence, ce sont des gens qui savent faire la différence entre le rêve et l'état de veille.

Or, ces mêmes personnes, lorsqu'elles relatent ce qui leur est advenu aux approches de la mort, ne le font pas comme on raconte un rêve, mais de la façon dont on rapporte des faits qui ont réellement eu lieu. A peu près invariablement, au cours de leur narration, elles s'interrompaient pour réaffirmer que leur expérience n'était pas un rêve, mais bien décidément, catégoriquement, la réalité.

Enfin, il y a encore le fait que les récits concernant certaines expériences de décorporation ont reçu confirmation par la confrontation avec des témoignages indépendants. Bien que les engagements que j'ai pris m'empêchent de citer des noms et de préciser certains détails, ce que j'ai vu et entendu m'autorise à dire que je continue à en être abasourdi et stupéfait. J'ai la conviction que quiconque voudra scruter méthodiquement le dossier des expériences de mort temporaire risque de découvrir, lui aussi, d'étranges corroborations aux faits allégués. Je crois, au minimum, qu'il trouvera suffisamment de recoupements pour se demander si ces expériences, bien loin d'être des rêves, n'appartiendraient pas en définitive à une tout autre catégorie.

En guise d'ultime remarque, que l'on me permette de faire ressortir que les diverses sortes d'explications dont je me suis fait l'écho ne se bornent pas à être des systèmes intellectuels abstraits. Ils constituent aussi, dans une certaine mesure, des projections du « moi » des personnes qui les proposent. Chacun épouse, si l'on peut dire, d'un point de vue sentimental, les canons de l'explication scientifique à laquelle il se range, et qu'il adopte.

Les nombreuses conférences que j'ai tenues à propos de ma collection de témoignages m'ont fait rencontrer des tenants des solutions les plus diverses. Selon que l'on a l'esprit tourné vers la physiologie, la pharmacologie ou la neurologie, l'on sera tenté de tirer de chacune de ces sources des arguments qui, intuitivement, paraîtront décisifs, alors même que les cas exposés semblent exclure toute interprétation de cet ordre. Ceux qui font leurs les théories de Freud se plaisent à voir dans l' « être de lumière » une projection du « père » du sujet ; tandis que les disciples de Jung y décèlent les archétypes de l'inconscient collectif ; et ainsi de suite.

Bien que je tienne à affirmer une fois de plus que je ne cherche aucunement à présenter ici une interprétation nouvelle de mon cru, j'ai tenté de fournir les raisons pour lesquelles j'estime que les explications qui m'ont été souvent proposées demeurent, à tout le moins, contestables. Ce que j'aimerais suggérer est en fait ceci : tâchons de conserver l'esprit ouvert à l'idée que les expériences des mourants puissent éventuellement représenter un phénomène original, à l'étude duquel il nous soit nécessaire d'appliquer de nouvelles méthodes d'explication et d'interprétation.

VI

IMPRESSIONS

En rédigeant ce livre, je n'ignorais nullement que mon propos et mes fins risquaient d'être faussement interprétés. J'aimerais, en particulier, que ceux de mes lecteurs qui ont l'esprit scientifique sachent bien que je suis pleinement conscient de n'avoir pas présenté, dans ces pages, une étude « scientifique » à proprement parler ; et à l'adresse de mes collègues philosophes, je tiens à proclamer que je n'ai aucunement la prétention illusoire d'avoir apporté la *preuve* qu'il existe une vie après la mort. Pour traiter à fond un pareil sujet, il eût fallu entamer la discussion d'une foule de détails techniques qui débordent le cadre de cet ouvrage. Je me limiterai donc aux quelques remarques suivantes.

Dans des branches spécialisées telles que la logique, le droit et la science, les mots « conclusion », « preuve », « démonstration » reçoivent, en leur qualité de termes techniques, des acceptions beaucoup plus strictes que dans le langage ordinaire. Dans la conversation de tous les jours, ces mêmes mots sont employés beaucoup plus librement. Il suffit d'un coup d'œil rapide jeté sur le premier venu des magazines populaires à sensation pour constater que n'importe quel conte à dormir debout peut être donné en preuve de n'importe quelle affirmation fantaisiste.

En matière de logique, ce que l'on peut ou ne peut pas tirer d'un ensemble de prémisses n'est pas du tout une affaire de hasard; le mécanisme du raisonnement est défini avec précision par des règles, des conventions et des lois. Si l'on dit que l'on est parvenu à telle ou telle conclusion, on implique par là que quiconque part des mêmes prémisses devrait parvenir à une conclusion identique, à moins d'avoir commis une erreur de logique.

C'est là la raison pour laquelle je me refuse à tirer des conclusions de l'étude qui précède, et affirme que je ne songe nullement à établir ici une *preuve* du bien-fondé de l'antique croyance à la survie après la mort.

Toutefois, j'estime que ces témoignages émanant de sujets qui ont vu la mort d'aussi près possèdent une grande valeur significative. Ce que je cherche à faire, c'est de leur accorder une interprétation qui ne tomberait dans aucun des deux excès contraires, dont l'un consisterait à les rejeter tous en bloc sous prétexte qu'ils ne fournissent aucune preuve scientifique ou logique, et l'autre à leur attribuer un caractère sensationnel, en proclamant de manière aussi vague que sentimentale qu'ils apportent la « preuve » de la survie après la mort physique.

D'autre part, il se pourrait très bien, ce me semble, que notre incapacité actuelle à établir une telle preuve ne soit aucunement imputable à un obstacle inhérent à la nature même de ces phénomènes; l'obstacle se situe peut-être dans les méthodes communément admises par la pensée scientifique ou logique. Il n'est pas exclu que les perspectives des savants et des logiciens de l'avenir ne subissent des modifications. (Il est utile de se rappeler que, au cours de l'histoire, la méthodologie appliquée à la science et à la logique n'a pas été un système permanent et statique, mais bien une suite de processus dynamiques et évolutifs.)

Me voici donc nanti, non pas de « conclusions », de « démonstrations », ni de « preuves », mais d'un bagage beaucoup moins défini : impressions, questions, analogies, faits troublants à la recherche d'une explication. Plutôt que d'exiger de moi des conclusions tirées de mon étude, il serait plus sage de me demander en quoi cette étude m'a affecté personnellement. Tout ce que je peux répondre est ceci : il y a, dans le fait de voir quelqu'un relater son expérience, quelque chose de très convaincant dont il est malaisé de transmettre l'idée par écrit. Aux yeux de tous ces gens, leurs expériences aux abords de la mort étaient des événements très réels ; et à travers les contacts que j'ai eus avec eux, ces événements sont devenus très réels pour moi aussi.

Je me rends assurément bien compte que c'est là une considération toute subjective qui n'a rien à voir avec la logique. La logique assume un caractère universel ; il n'en va pas de même pour la psychologie : un même enchaînement de circonstances peut affecter et transformer une personne d'une certaine façon, et une autre personne de façon différente ; c'est une affaire de caractère et de tempérament. C'est pourquoi je ne prétends nullement que ma réaction personnelle à cette enquête doive être érigée en loi à l'usage de toutes les formes de pensée.

Dans ces conditions, certains m'objecteront : « Si l'interprétation de ces expériences est en définitive une affaire de pure subjectivité, alors à quoi bon toute cette étude ? » Je ne conçois pas d'autre façon de répondre à cette question que d'évoquer une fois encore l'angoisse humaine et universelle devant le mystère de la mort. Je crois que la moindre lumière projetée sur la nature de la mort ne peut être qu'un bien.

Des éclaircissements à ce sujet peuvent être utiles aux membres de bien des branches académiques et autres professions. Ils répondent aux besoins du médecin qui doit faire face aux angoisses et aux espoirs d'un agonisant, à ceux du prêtre qui doit aider un malade à affronter la mort ; à ceux, également, des psychologues et des psychiatres, car pour envisager une méthode thérapeutique pratique et sûre en vue de guérir des troubles émotionnels, il est nécessaire de savoir ce qu'*est* la conscience, et si elle peut exister en dehors du corps. Si elle ne le peut pas, du coup la thérapie psychologique devrait se concentrer définitivement sur des méthodes physiques — médications, électrochocs, chirurgie du cerveau et assimilés. Par contre, s'il se trouve quelque indice comme quoi la pensée peut exister en dehors du corps et possède une essence qui lui est propre, en ce cas la thérapie des désordres mentaux devrait s'élancer dans une voie toute différente.

Quoi qu'il en soit, il entre ici des considérations qui transcendent l'aspect académique ou professionnel des choses. La question met profondément en cause nos réactions personnelles, car tout ce qu'il nous sera donné d'apprendre sur la mort peut apporter d'importantes modifications dans la manière dont nous vivons nos vies. Si les expériences du type de celles que j'ai commentées appartiennent à la réalité, elles comportent de très profondes implications quant à ce que chacun d'entre nous devrait faire de son existence. Car alors il serait vrai de dire que nous ne comprendrons jamais le sens de cette vie jusqu'à ce que nous ayons pu apercevoir ce qui vient après elle.

ADDITIF
CONCERNANT LE SUICIDE

Plus d'un an a passé entre l'achèvement de ce manuscrit et sa publication. Dans l'intervalle, mon attention a été attirée par bien des données supplémentaires; j'accorde une importance toute particulière à des témoignages portant sur des phénomènes d'approches de la mort consécutifs à des tentatives de suicide. Je les trouve suffisamment significatifs pour leur attribuer une place dans le présent volume.

Ces expériences comportaient un caractère commun, celui d'être désagréable. Comme me l'a dit une femme : « Si vous quittez ce monde avec une âme tourmentée, vous serez une âme tourmentée dans l'autre monde. » En résumé, les témoins rapportent que les situations conflictuelles auxquelles ils avaient tenté d'échapper par le suicide trouvaient un prolongement après leur mort, mais avec des complications en plus. Dans leur état de décorporés, ils se voyaient incapables de résoudre leurs problèmes et prenaient également conscience des conséquences funestes engendrées par leur acte.

Un homme, que le décès de son épouse avait réduit au désespoir, s'était suicidé d'une balle de revolver, était « mort » des suites de sa blessure, et avait pu être ramené à la vie. Il déclare :

203

Je n'ai pas pu rejoindre [ma femme]. Je suis allé dans un endroit affreux (...). J'ai immédiatement mesuré l'erreur que j'avais commise (...). J'ai pensé : « Combien je regrette d'avoir fait cela. »

D'autres, qui eurent à subir ce pénible état dans les « limbes », disent qu'ils avaient eu le sentiment d'être là pour longtemps ; ils payaient ainsi le prix d'un « manquement aux règles », en se soustrayant prématurément à ce qui constituait une « mission » — celle de se conformer à une certaine finalité de la vie.

Pareilles remarques concordent avec ce qui m'a également été dit par d'autres personnes, qui étaient « mortes » dans d'autres circonstances, mais qui affirment que, durant leur passage dans l'au-delà, elles avaient compris que le suicide est un acte très malencontreux qui encourt des peines sévères. Un homme qui était « mort » à la suite d'un accident disait :

[Pendant que je me trouvais de l'autre côté], j'eus le sentiment que deux choses me seraient totalement interdites : me tuer, ou tuer quelqu'un (...). Si j'en venais à me suicider, ce serait comme si je refusais le don de Dieu en le lui jetant à la face (...). Tuer quelqu'un d'autre, c'est se mettre en travers du plan que Dieu a conçu pour cet homme...

Des intuitions comme celles-là qui, à présent, m'ont été communiquées à maintes reprises, reproduisent exactement les sentiments exprimés dans l'argument théologique et moral le plus ancien condamnant le suicide, argument qui réapparaît sous des formes variées dans les écrits de penseurs comme saint Thomas d'Aquin, Locke et Kant. Pour Kant, le suicidé agit à l'encontre des intentions de Dieu ; parvenu dans l'autre monde, il sera jugé en tant que rebelle à son Créateur.

TABLE DES MATIÈRES

Préface par Paul Misraki 9
Avant-propos, par le Dr Elisabeth Kübler Ross 13
Introduction 17

I. *LA MORT EN TANT QUE PHÉNOMÈNE*   21

II. *L'EXPÉRIENCE DE LA MORT* 33
   1. L'incommunicabilité 41
   2. L'audition du verdict 43
   3. Sentiments de calme et de paix 45
   4. Les bruits 47
   5. Le tunnel obscur 49
   6. Décorporation 53
   7. Contacts avec d'autres 74
   8. L'être de lumière 78
   9. Le panorama de la vie 84
  10. Frontière ou limite 92
  11. Le retour 97
  12. Le problème du témoignage 104
  13. Répercussions sur la conduite de la vie 109
  14. Nouvelles perspectives sur la mort 114
  15. Confirmations 119

205

III. *SIMILITUDES* 129

    La Bible 131
    Platon 135
    Le Livre des morts tibétain 139
    Emmanuel Swedenborg 142

IV. *QUESTIONS* 149

V. *EXPLICATIONS* 171

    1. Explications surnaturelles 175
    2. Explications naturelles (scientifiques) 176
    L'explication par la pharmacologie, 176. —
    Explications physiologiques, 181 — *Explica-
    tions neurologiques*, 182. — *Explications psy-
    chologiques*, 187.

VI. *IMPRESSIONS* 197

Additif concernant le suicide 203

*Achevé d'imprimer en décembre 1986 sur presse CAMERON,
dans les ateliers de la S.E.P.C. à Saint-Amand (Cher)*

N° d'édit. 30336. — N° d'imp. 2287. — D.L. 3ᵉ trimestre 1977.